Dieter und Vreni Theobald
Wir geben nicht auf!

Dieter und Vreni Theobald

Wir geben nicht auf!

Als Ehepaar miteinander unterwegs

Brunnen Verlag · Basel und Gießen

ABCteam-Bücher erscheinen in folgenden Verlagen:

Aussaat Verlag Neukirchen-Vluyn
R. Brockhaus Verlag Wuppertal
Brunnen Verlag Basel und Gießen
Christliches Verlagshaus Stuttgart
Oncken Verlag Wuppertal und Kassel

Die Bibelzitate sind, soweit nicht anders angegeben, der Bibelübersetzung «Hoffnung für alle» entnommen.

Umschlag: Michael Basler, Lörrach
Bild auf Cover: Image Bank, Berlin
Satz: Uhl + Massopust, Aalen
Druck: Ebner Ulm
Printed in Germany

ISBN 3-7655-3660-1

Inhalt

1

Alles wäre nicht so schwer, wenn nur der andere anders wär!

Von den Schattenseiten unserer Beziehungen

Manchmal wird bei Interviews mit mehr oder weniger prominenten Leuten am Schluß noch – etwas scherzhaft – die Frage gestellt: «Was würden Sie mitnehmen, wenn Sie auf eine einsame Insel verbannt würden?» Erscheint das Interview in einem christlichen Blatt und ist der oder die «mehr oder weniger Prominente» fromm, lautet die Antwort fast todsicher: «Die Bibel!» In anderen Medien und von anderen «Promis» wird meist irgendein anderer Buchtitel genannt. Noch nie aber habe ich (Dieter) gehört, daß jemand geantwortet hätte: «Ich nähme meine Frau/meinen Mann oder Freunde mit.»

Ich weiß, ich weiß: Die Ehefrau, der Ehemann, Freundinnen und Freunde sind kein «Was», das man mitnehmen könnte. Eine solche Antwort wäre also, streng genommen, gar nicht erlaubt. Aber könnte nicht unbewußt noch etwas anderes dahinterstecken, daß man sich für die Bibel oder ein anderes Buch als Begleiter entscheidet statt für einen Menschen? Wenn *jemand* auf meine einsame Insel mitkommt, muß ich mich mit diesem Menschen auseinandersetzen. Ich muß mich auf eine Beziehung mit ihm einlassen, etwas investieren. Es könnte Spannungen, Auseinandersetzungen, Meinungsverschiedenheiten geben, und ich wäre dem hilflos und allein ausgeliefert.

Kehren wir von der imaginären Insel in unseren realen Alltag zurück. Wir alle sind in mannigfaltige Beziehungen eingebunden: in schöne, gewinnbringende und fördernde, aber auch in mühsame, schwierige und aufreibende Beziehungen. Und wer hat nicht schon an schwierigen Beziehungen gelitten! Die Andersartigkeit der anderen Person, ihre Art und ihr Wesen, ihr Verhalten und Reagieren machen uns nicht nur Freude, sondern belasten uns zuweilen auch.

Und irgendwann entfährt uns dann der Seufzer: «Alles wäre nicht so schwer, wenn nur der andere anders wär!»

Tatsache ist allerdings: Niemand kann ohne Beziehungen leben. Ohne Kontakt mit anderen Menschen würden wir vereinsamen und verkümmern. Unser Dasein würde monoton und langweilig.

Es gibt Beziehungen, die uns froh und glücklich machen. Sie führen uns in die Weite, öffnen uns den Reichtum des Lebens. Es gibt aber auch belastende Beziehungen, die uns viel Kraft und Nerven kosten, uns einengen und das Leben abwürgen.

Manchmal erleben wir beides im Zusammenleben mit ein und demselben Menschen; vielleicht zu unterschiedlichen Zeiten. Wir können nicht die schönen Seiten der zwischenmenschlichen Beziehung auskosten und uns den Schattenseiten entziehen. Aber vielleicht wäre es ja möglich – und erstrebenswert –, auf die Schattenseiten unserer Beziehungen Sonnenstrahlen der Liebe und der Geduld, des Verstehens und des Einander-Stehenlassens zu lenken?

Alles wäre nicht so schwer, wenn nur der andere anders wär!

(Vorstellungen und Erwartungen in einer Beziehung)

Wir tragen Bilder in uns, die uns geprägt haben. Vor-Bilder haben uns etwas vorgelebt. Was uns an ihnen gefallen hat, sollte unser Partner auch haben, meinen wir. *So* sollte er sein. Was wir als schlecht empfunden haben, darf er auf keinen Fall aufweisen. Wir stellen uns einen Partner vor, der ähnliche Züge hat wie die Mutter, der Vater, die bewunderte Lehrerin – oder der gegebenenfalls gerade das Gegenteil von ihnen sein sollte.

Weil der Mensch zur Beziehung geschaffen ist (1. Mose 2,18), trägt er in sich die Sehnsucht nach einem Gegenüber, nach Ergänzung. Wir spüren unsere Mankos und suchen – oft unbewußt – nach dem uns Fehlenden. So stellt sich ein schweigsamer junger Mann vor, daß zu ihm eine kontaktfreudige Frau passen würde; eine zur Kritik neigende Frau sucht einen gutmütigen Mann; ein Chaot erhofft sich eine ordnungsliebende Frau und so weiter. Das gilt übrigens nicht nur für die Ehe, sondern für alle Beziehungen, die wir knüpfen.

Wir haben alle mehr oder weniger feste Vorstellungen, wie die Menschen aussehen und sein sollten, mit denen wir in Beziehung treten und zu denen wir Kontakte pflegen. Unsere Vorstellungskraft ist etwas Hilfreiches, Schönes, Kreatives. Wir können uns dadurch etwas uns Unbekanntes ausmalen, uns in fremde Situationen hineinversetzen, Anteil nehmen am Leben anderer. Aber unsere Vorstellung entspricht nicht unbedingt der Realität. Wir können uns auch falsche Bilder machen: zu schwarze, zu weiße, zu rosige. Unsere Vorstellung kann uns bestimmen und blockieren und damit das Leben behindern und inneres Wachstum hemmen.

Ein 40jähriger lediger Mann aus unserem Bekanntenkreis möchte heiraten. Er hat aber als inneres Bild eine Traumfrau. Er wird, so sagen wir ihm voraus, keine Ehe eingehen können, weil keine normale Frau je seinem Idealbild entsprechen dürfte.

Es besteht also die Gefahr, daß unsere Vorstellungen sich zu Erwartungen und zu Forderungen verfestigen: So wie du bist, bist du nicht recht – du mußt anders sein! Dabei handelt es sich oftmals um überhöhte Erwartungen. Unbewußt und ungewollt – manchmal sogar sehr bewußt – manipulieren wir dann den andern. Wir wickeln ihn um den Finger, machen ihn uns gefügig, binden ihn an uns. Das wird in jeder Beziehung zum Konflikt, zur Krise führen, auch in einer Ehe. Es belastet unser Zusammenleben und führt zu Enttäuschungen. Wir meinen, den Falschen geheiratet zu haben.

Um das zu vermeiden – oder es zu verändern, falls wir bereits in die Falle unserer falschen Vorstellungen getappt sind –, müssen wir diesen Mechanismus erkennen, einander annehmen und an der Beziehung arbeiten. Unser Engagement ist dabei sehr wichtig, aber es muß noch etwas dazukommen: Wir sind angewiesen auf eine kraftvolle Intervention dessen, der der Urheber und Schöpfer aller guten Beziehungen ist. Wir brauchen das Eingreifen Gottes.

Wir benötigen seine Hilfe, wenn es in unserem Beziehungsnetz stimmen, wenn Ordnung in unser Beziehungs-Durcheinander kommen soll.

Das Zurücknehmen und Revidieren der Projektion ist eine wichtige Aufgabe in der Ehe!

Alles wäre nicht so schwer, wenn ich zum andern anders wär!

Wir leben oft lange in der irrigen Meinung: «Wenn *du* dich verändern würdest, ginge es bei uns gut. Mit *mir* könnte man doch leben! Natürlich habe ich auch meine Fehler, die hat schließlich jeder und jede. Aber im Grunde genommen bin ich pflegeleicht und knitterfrei.»

Wir leiden am andern, resignieren und werden bitter.

Die Urteile übereinander stehen fest: «So ist er. Nach außen hin stets freundlich und zuvorkommend, der liebe Kerl, der überall hilft, damit er Bestätigung bekommt. Aber hinter der lächelnden Maske ist er ein Egoist. Daheim krümmt er keinen Finger und hängt den Pascha raus.» – «So ist sie: Alles beherrscht sie. Im Grunde genommen gilt nur *ihre* Sicht. Was *sie* denkt, ist richtig. Neben dieser Frau hat ein Mann kein Brot.»

So sind sie,

- die Mutter: überängstlich;
- der Vater: tyrannisch;
- die Tochter: den Freundinnen verfallen;
- der Sohn: verschlossen;
- der Arbeitgeber: ausbeuterisch;
- …

Und damit sind wir mit ihnen fertig. Ach nein,

vielleicht stehen wir sogar noch in der Fürbitte für sie ein und sagen: «Herr, verändere doch bitte meinen Mann, die Tochter …»

Wer so denkt, der muß noch einen wichtigen Erkenntnis-Schritt vollziehen: Alle Beziehungsveränderung hat auch mit mir etwas zu tun, ja, beginnt bei mir. Ich trage meinen Teil bei zum Gelingen und zum Scheitern einer Beziehung. Es ist selten «nur einer schuld». Beide tragen Verantwortung für die Beziehung.

Ehe ist nicht statisch, Ehe ist dynamisch. Eine Ehe gleicht einem System kommunizierender Röhren: Wenn sich ein Teil ändert, muß auch der andere eine Anpassung vornehmen.

Ich kann also die Beziehung beeinflussen, indem *ich* mich ändere und mich dem anderen gegenüber anders als bisher verhalte.

Aber wie *kann* ich anders werden?

Da stoßen wir an unsere Grenzen. Wenn wir uns lediglich zusammenreißen, verändern wir nicht viel, vor allem nicht auf Dauer. Wir können uns auch nicht an den eigenen Haaren aus dem Sumpf ziehen.

Unsere Schwierigkeiten haben oft etwas mit alten inneren Verletzungen zu tun, die wir mit uns herumschleppen. Um uns vor erneutem Verletztwerden zu schützen, haben wir Mauern um uns herum gebaut. Sie schirmen uns ab, machen uns aber auch hart und isolieren uns. Es gibt keine Herz-zu-Herz-Beziehung, wenn dicke Mauern dazwischenstehen.

Wir müssen zunächst einmal selbst innerlich heil werden, damit die Mauern fallen können und eine Veränderung unseres Wesens überhaupt möglich wird. Die Bibel beschreibt das so: Gott will uns das steinerne Herz wegnehmen und uns ein Herz aus Fleisch, ein weiches, warmes, mitfühlendes Herz schenken. Er will seine heilende Liebe in unser Innerstes bringen, damit sich in uns das Verhärtete löst.

Voraussetzung dafür sind freilich unsere Einsicht: «Ja, das habe ich nötig, das brauche ich» – und unser Einverständnis: «Tu das bei mir, Vater, ich bitte dich darum.» Wir halten dem barmherzigen Gott unser Herz hin und lassen ihn an uns wirken.

Nur auf einem so erneuerten Herzensboden tragen dann gute Vorsätze fürs Miteinander auch gute Früchte. Nur wenn ich mich von Gott habe heilen lassen, kann ich zum anderen anders sein, kann ihm in einer veränderten Haltung begegnen, ihn mit neuen Augen sehen lernen.

Dürfen wir Ihnen ein paar ganz simple (und zugegeben: leicht übertreffbare) Vorschläge machen, wie das Anderssein praktisch aussehen könnte?

- Spielen Sie heute abend mit Ihrer Frau ein Halma, ein Scrabble oder ein anderes Spiel, das sie gerne spielt – auch wenn Sie sich überwinden müssen und selbst kein begeisterter Spieler sind.
- Kochen Sie Ihrem Mann wieder einmal sein Lieblingsessen – auch wenn es Ihnen mehr Umstände bereitet und ein anderes Menü rascher zubereitet wäre.
- Schmücken Sie Ihre Wohnung. Ein frischer Blumenstrauß auf dem Tisch oder dem Nachttisch kann atmosphärische Wunder wirken.
- Unternehmen Sie mit Ihren Kindern eine Fahrradtour. Sagen Sie ihnen, wie Sie sich darüber

freuen (und warten Sie's ab – die Bewegung auf dem Drahtesel wird Ihnen vermutlich tatsächlich mehr Spaß machen, als Sie vorher gemeint haben!).

- Bieten Sie Ihrer Schwiegermutter an, ihr die Fenster zu putzen. Sie leidet doch so an Rheuma, und die Arme schmerzen ihr bei dieser Arbeit.
- Ermutigen Sie Ihre Schwiegertochter, und hüten Sie ihr einen Nachmittag in der Woche die Kinder, damit sie einmal etwas unternehmen kann, was sie gerne für sich tun würde. Ermöglichen Sie ihr einen Stadtbummel mit einer Freundin.
- Laden Sie die alte Nachbarin zum Mittagessen ein, und schenken Sie ihr noch ein Stündchen Zeit, damit sie sich alle ihre Belanglosigkeiten (die für sie keine Belanglosigkeiten sind) vom Herzen reden kann.

Ergreifen Sie die Initiative, und besprechen Sie das schwierige Thema mit Ihrem Partner. Lassen Sie ihn spüren, daß Sie seine Ansicht achten, auch wenn Sie anders denken.

Alles wäre nicht so schwer, wenn nicht der andere anders wär!

Ich las einmal den Satz: «Mein Mann/meine Frau, das unbekannte Wesen». Das ist keineswegs eine Feststellung, die jemand am Anfang einer Beziehung gemacht hat. Dahinter stecken jahrelange Erfahrungen. Es kann ohne weiteres sein, daß man nach vielen Jahren gemeinsamen Weges immer noch – oder sogar immer mehr – den Eindruck hat: «Ich verstehe meinen Mann immer weniger.» – «Meine Frau ist mir ein Rätsel.» – «Wir sind so völlig anders!» –

«Warum begreift er denn nicht, daß ich in einer bestimmten Situation ganz anders empfinde und denke? Daß ich die Dinge aus einer ganz anderen Perspektive anschaue?» – «Warum versteht sie nicht, daß sie halt in manchen Sachen eine andere Anschauung hat? Daß sie sich in einem anderen Denkschema bewegt?»

In der Anfangszeit unserer Beziehung war diese Unterschiedlichkeit das Anziehende und Faszinierende. Mit unserer Andersartigkeit haben wir uns gegenseitig imponiert und gefallen. Sie war ein reizvolles Element unserer Beziehung. Und nun ist sie je länger je mehr die Ursache von Auseinandersetzungen und Spannungen. Sie belastet unsere Beziehung. Ja, wir leiden sogar aneinander wegen dieser Unterschiedlichkeit und Andersartigkeit des andern.

Theoretisch wissen wir freilich, daß Männer und Frauen in ihrer Grundstruktur unterschiedlich sind. Das ist so von Gott gewollt und gemacht. Gott hat uns als Mann und Frau verschieden geschaffen – nicht damit wir uns besser streiten und in die Haare kriegen, sondern damit wir uns ergänzen und gegenseitig bereichern können und damit unsere Beziehung vielfältiger, farbiger, spannender werden kann. Es steckt ein ungeheuer großer Reichtum in der Gegensätzlichkeit und Unterschiedlichkeit von Mann und Frau.

Frauen haben einen größeren Reichtum an Emotionen und leben stärker aus der Intuition, während Männer mehr verstandesmäßig reagieren und für sie alles logisch und erklärbar sein muß.

Männer leben und denken viel stärker in der «Ich-Es-Beziehung», während Frauen ganz fest in der «Ich-Du-Beziehung» zu Hause sind.

Während Männer zumeist im mathematischen Bereich stärker sind (Technik), sind Frauen im allgemeinen im Sprachlichen besser (Kommunikation/Fremdsprachen).

Freunde erzählten uns einmal folgende Begebenheit:

Sie waren bei einem Ehepaar eingeladen. Als sie wieder aufbrechen wollten, begleitete das Gastgeberpaar sie zum Parkplatz. Unser Freund nahm den Autoschlüssel aus der Tasche und löste aus einigen Metern Entfernung per Fernsteuerung die Zentralverriegelung des Autos. Dann ging er zur rechten Seite und öffnete seiner Frau die Tür. Da hörten sie die Gastgeberin zu ihrem Mann sagen: «Hast du das gesehen?» – «Ja», antwortete dieser, «infrarot gesteuerte Zentralverriegelung!» – «Nein», sagte seine Frau ganz empört. «Wie galant ist er doch!»

Unterschiedliche Wahrnehmungen, unterschiedliche Schwerpunkte!

Daß dies auch zum «Leiden aneinander» führen kann, liegt auf der Hand. Wir möchten es aber eigentlich lieber so sehen und formulieren: *Es führt zu einer gesunden Spannung und Auseinandersetzung, wenn Unterschiedlichkeit zur Ergänzung wird und Andersartigkeit zu kreativem Denken und Handeln animiert.*

Aber wir sind ja nicht nur durch die Unterschiedlichkeit von Mann und Frau in ein Spannungsfeld versetzt. Jeder einzelne Mann und jede einzelne Frau bringt auch als Individuum eine eigene Wesensart und eigene Charakterstrukturen mit. Wir sind alle Originale und Einzelexemplare. Wir haben unsere Charakterprägung durch Vererbung und Erziehung. Unser Lebensscript weist unsere ganz persönliche «Handschrift» auf.

Zum Leiden aneinander kommt es immer dann, wenn wir diese «persönliche Handschrift» des andern als falsch und schlecht empfinden und ihn umerziehen und umprägen möchten, so daß er unserer Vorstellung (besser) entspricht.

Ich (Dieter) bin von Kind auf Linkshänder. So habe ich auch in der ersten Klasse beim Schreibenlernen den Griffel in die linke Hand genommen. Ich schrieb, soweit ich mich erinnern kann, recht schön. Doch dann fand in der zweiten Klasse ein neuer Lehrer, er müsse mich «auf rechts trimmen». Er schlug mir so lange auf die Linke, bis ich nur noch mit der rechten Hand schrieb. Seither habe ich eine «Sauschrift».

Das war damals halt noch die «pädagogische Sicht» in Sachen Schreiben. Heute ist das anders.

Doch wie oft schlagen wir uns in unserer Beziehung gegenseitig «auf die Linke», weil es die «falsche Hand» ist, das heißt, weil ein bestimmtes Verhalten des andern aus unserer Sicht verkehrt ist! Und was erreichen wir damit? Wir zerstören die «Schönschrift» im Leben des andern und zwingen ihn in das Korsett unserer Vorstellung.

Das Leiden aneinander, an unserer Unterschiedlichkeit und Andersartigkeit, wird nicht geheilt, indem sich der andere ändert und seine Sicht und Art aufgibt. Es nimmt in dem Maß ab, in dem ich den andern, den Partner, in seiner Andersartigkeit akzeptiere und stehenlasse, ja sogar das Schöne und Bereichernde daran erkenne und darüber froh und dankbar werde.

Bevor Sie weiterlesen, greifen Sie bitte folgende Impulse auf:

Impuls für das Ehegespräch

- Sind Ihnen Vorstellungen und Erwartungen bewußt, die Sie im Blick auf Ihren Partner hatten, die aber nicht der Realität entsprechen? Welche? Sprechen Sie mit Ihrem Partner darüber.
- Welche grundlegenden Unterschiede empfinden Sie zwischen sich und Ihrem Partner? Schreiben Sie sich mindestens fünf auf, die Sie als positiv, bereichernd erleben! Notieren Sie sich auch die Unterschiede, die Sie massiv stören. Können Sie das Ihrem Partner gegenüber vorwurfsfrei ansprechen?

Alles würde leichter sein, ginge ich auf die Probleme ein!

Es braucht Mut und innere Stärke, Probleme nicht mehr wegzuschieben und zu bagatellisieren, sondern sich selber und einander einzugestehen: «Ja, wir haben Probleme. Wir kommen hier nicht weiter. Das Problem hat auch etwas mit mir zu tun.»

Solange wir Schuld abschieben, drücken wir uns vor unserer Verantwortung, laden einander Lasten und Joche auf, unter denen wir zusammenbrechen können.

Es ist sehr schwer, Beziehungsnöte ans Licht zu bringen und offen miteinander zu reden über das, was zwischen uns steht. Wir verfallen dabei so schnell in Vorwürfe und Schuldzuweisungen: «Du hast …», und: «Du bist nicht …», und: «Wegen dir ist es so!»

Diese Form von Anklage ist ein Angriff. Der andere muß sich verteidigen und wird seinerseits zurückschlagen und angreifen. So geht es dann weiter mit immer gröberem Geschütz, bis sich einer geschlagen gibt und sich beide, «Sieger(in)» und «Besiegte(r)», mit Verletzungen in der Beziehung weiterschleppen.

Versuchen Sie, eine Atmosphäre zu schaffen, in der beide ohne Angst vor Vorwürfen und Anklagen zusammensein können, und stellen Sie sich gegenseitig die Frage: «Wie sieht das Problem *aus deiner und meiner Sicht* aus?»

Das ist eine wichtige Frage, denn die Frau sieht es anders als der Mann. Man darf einander dabei nicht unterbrechen und korrigieren: «Du siehst es falsch.» Es darf subjektiv sein. Es geht nicht um die Frage, wer recht hat, sondern ums gegenseitige Verstehen und Anteilnehmen.

Wenn wir so aufeinander hören, lernen wir uns selbst und einander tiefer kennen. Es gibt auch blinde Flecken, wo wir uns selbst nicht richtig wahrnehmen können und darauf angewiesen sind, einen Spiegel vorgehalten zu bekommen.

Es gibt Dinge, die sind...	
... mir und dir bewußt ... mir und dir unbewußt	... mir bewußt / dir unbewußt ... dir bewußt / mir unbewußt

Dieter und ich erlebten das einmal sehr eindrücklich: Wir hatten miteinander ein Buch gelesen, das die Menschen in neun Persönlichkeitstypen einteilt. Und nun überlegten wir uns, in welchem Typ wir uns selbst wiedererkannten und welchem wir den anderen zuordnen würden. Zu unserer Verblüffung stufte ich mich selbst und Dieter ganz anders ein, als Dieter mich und sich selbst einstufte. Ich konnte es zuerst fast nicht begreifen, weil wir einander doch sehr gut kennen. Doch dann fiel uns wieder ein, daß unser Selbstbild, also das Bild, das wir von uns selbst haben, eben nicht in allem identisch ist mit dem Fremdbild, dem Bild, das andere von uns haben. Gegenseitiges Verstehen schließt also den Versuch ein, die Dinge aus der Perspektive des anderen anzuschauen.

Oftmals ist nur schon die Nachfrage und die Anteilnahme am Problem des andern eine ganz große Hilfe. Die Aufforderung: «Schatz, komm, erzähl mir, was dich bedrückt», wirkt oft Wunder. Auch wenn keine Lösungen gefunden werden, ist die Anteilnahme doch wie Balsam.

Alles würde leichter sein, und ich wär nicht mehr allein!

Wir kennen das alle aus eigener Erfahrung und Betroffenheit: Wenn wir in unseren Beziehungen, in Ehe und Familie Spannungen und Auseinandersetzungen haben und mit Problemen nicht fertig werden, dann ziehen wir uns oftmals zurück.

Zurück in den Schmollwinkel,
zurück in die Einsamkeit des Unverstandenseins,
zurück in die Resignation,
zurück in die Position des Vorwurfs.

Zunächst – und für eine Weile – mag uns diese Position sogar gefallen. Wir verbarrikadieren uns in unserem Selbstmitleid. Aber dann kommt doch sehr rasch der Augenblick, wo uns die ganze Einsamkeit und Isolation des Rückzugs bewußt wird und wir daran leiden. Oft gelingt es uns aber nicht, aus unserem Schneckenhaus herauszukommen und den Rückzug abzublasen.

Nun müssen wir uns ganz bewußt entscheiden: «Ich *will* heraus. Ich will nicht steckenbleiben in der Haltung des Vorwurfs. Ich will nicht in dem ewigen Kreislauf verharren, der nach der Melodie geht: Wie du mir, so ich dir! Oder: Weil du so bist, bin ich so!»

Im Gespräch mit vielen Ehepaaren und beim Beobachten von Beziehungsabläufen ist uns ein Verhaltensmuster besonders aufgefallen. Wir nennen es «Druckknopfmuster». Es ist ein Muster von Reaktionen, die minutiös aufeinander abgestimmt sind und wie automatisch funktionieren. Eben wie ein Druckknopf: Zwei unterschiedliche Teile greifen haargenau ineinander.

Bei der Jeanshose und beim Portemonnaie ist ein Druckknopf sehr praktisch und hilfreich. In Beziehungen aber fügt er nicht zusammen, sondern macht kaputt.

Das «Druckknopfmuster» in der Ehe weist die beiden Teile auf: Weil du – darum ich!

- Weil du so oberflächlich bist, muß ich um so gründlicher sein.
- Weil du so verschwenderisch bist, muß ich um so sparsamer sein.
- Weil du so redselig bist, muß ich um so schweigsamer sein.

Dieses «Druckknopfmuster» führt unweigerlich zur Polarisierung. Es führt nicht zur Ergänzung, sondern in die Gegenposition. Wir sind ständig in Kampfhaltung, greifen an oder verteidigen uns – und sind einsam dabei!

Aus dieser Einsamkeit kommen wir nur heraus durch bewußte Annahme des andern: «Ich sage ja zu dir! Ich sage ja zu deinem Sosein. Ich vertraue dir, daß du nicht gegen mich bist. Und ich bin nicht gegen dich.»

Was aber, wenn wir solche verfestigten Muster aufbrechen möchten, der andere aber nicht Hand dazu bietet?

Bleibt uns dann nur

– die Polarisierung?
– die Einsamkeit?
– das Unverstandensein?
– der Konflikt?
– die Spannung?

In Holland gibt es bei den vielen Kanälen eine besondere Art von Brücken, die sogenannten «Holländischen Brücken». Das sind Zugbrücken, die von beiden Seiten heruntergelassen werden können und müssen, damit der Weg über den Kanal befahrbar wird.

Das gilt auch in der Beziehung: Die Brücke muß von beiden Seiten heruntergelassen werden. Ich kann nicht die Hälfte des anderen bewegen. Doch ich kann mit dem «Brückenschlag» beginnen und meine Seite herunterlassen. Ich kann den ersten Schritt tun – und ich kann Gott darum bitten und ihm vertrauen, daß der andere dadurch auch bewegt wird, seinen Brückenteil herunterzulassen.

Dieses Bild führt uns zum letzten Punkt:

Und wir könnten wieder leben, würden wir uns nur vergeben!

In vielen Beziehungen wird genau Buch geführt. Nicht nur über finanzielle Einnahmen und Ausgaben, sondern auch und vor allem über das, was wir uns gegenseitig «ideell» schulden. Kränkende Worte, Lieblosigkeiten, Vernachlässigung, Verweigerung, Überforderung ... all das und viel mehr schlägt auf der Soll-Seite zu Buch. Klar, daß die Beziehung dann im Minus endet.

Es läßt sich nicht leugnen: Wir bleiben einander im Zusammenleben viel schuldig. Es gibt kein gemeinsames Leben ohne Schuld. Es bringen auch selten beide gleich viel in die Beziehung ein.

Das kann zu Bitterkeit, sogar zu Rachegefühlen führen. Die Frage steigt auf: «Was bringt's? Unsere Beziehung wird auf meine Kosten gelebt. Ich steige aus.»

Schuld ruft nach Strafe, nach Sühnung, damit die Gerechtigkeit wiederhergestellt wird.

Nun ist das ja das große Wunder des christlichen Glaubens, daß wir uns nicht gegenseitig bestrafen müssen. Jesus Christus hat die Strafe für unsere Schuld übernommen und hat alle Schuld am Kreuz von Golgatha gesühnt.

Es gibt heute einen richtigen Abfall-Entsorgungs-Boom. Für Schuld gibt's allerdings nur *eine* reale Entsorgungsstelle: das Kreuz Jesu Christi.

Ver-gebung heißt: Wir können unsere Schuld abgeben. Jesus bezahlt die «Entsorgungsgebühr» für unsere Schuld. Wir gehen frei aus. Er stellt durch seinen Tod die Gerechtigkeit wieder her, weil wir uns selbst nie gerecht machen können.

Wenn wir dieses Geschenk von Gott annehmen, erleben wir etwas von der unbegrenzten Liebe des himmlischen Vaters. Es ist ihm ein Anliegen, Beziehungen zu heilen und Schuld zu vergeben, damit die Liebe neu Raum hat und fließen kann.

Er will uns zunächst einmal mit sich selbst versöhnen und im Anschluß daran auch unsere zwischenmenschlichen Beziehungen heilen. Lebensqualität, Lebensfülle wird in Beziehungen wieder möglich, wo durch die Vergebung die verstopften Kanäle gereinigt werden und der Kreislauf der Liebe wieder voll funktionieren kann.

Vergebung ist nichts Einmaliges. Sie gehört zum normalen Alltag, sie ist ein Lebensstil. Vergebung ist nicht ein schönes Gefühl, sondern eine Entscheidung, die ich in meinem Herzen treffe: «Ich will vergeben, nicht aufrechnen, nicht nachtragen. Ich will um Vergebung bitten und auch Vergebung schenken.»

Damit sind Neuanfänge möglich in jeder Beziehung. Egal, wie gut oder schlecht sie im Moment funktioniert.

Impuls für das Ehegespräch

- Kennen Sie typische «Rückzugsstrategien», in die Sie immer wieder verfallen? Welche? Fragen Sie Ihren Partner, welche er an Ihnen kennt (und umgekehrt!).

- Wie ist das bei Ihnen mit dem «ersten Schritt»? Wer macht ihn? Wann haben Sie zum letztenmal um Vergebung gebeten?

- Sprechen Sie miteinander über das Thema «vergeben können».

2

Eine Verbindung ohne Bindung: Das wär's! – Wär's das?

Von Verbindlichkeit, Nähe und Distanz in der Ehe

Wir sitzen am Abend in der Wohnstube und schalten den Fernseher ein. Die Nachrichten der Tagesschau interessieren uns. Doch es ist noch ein paar Minuten zu früh, und so landen wir voll im Werbeblock.

Da erscheint eine alte Dame auf dem Bildschirm. Die Runzeln im Gesicht lassen erkennen, daß der 70. Geburtstag schon einige Jahre zurückliegt. In klarer Eindeutigkeit wirbt sie für ein Handy, und zwar mit den zweideutigen Worten: *«Eine Verbindung ohne Bindung – das wär's!»*

Mimik und Augenzwinkern der alten Dame lassen unschwer erkennen, daß sie bei diesem Ausspruch nicht nur an ein Handy denkt.

Wahrscheinlich hat sie mit diesem Werbespot vielen Menschen unserer Zeit aus dem Herzen gesprochen. Und das nicht nur im Blick auf den Kauf eines Mobiltelefons!

Verbindung – ja gerne! Man ist nicht gern allein oder gar einsam. Eine Verbindung verspricht mir einen Gesprächspartner, einen Menschen, der mir zuhört. Es ist Unterhaltung da, Zuwendung, Zugehörigkeit, Vernetztsein in Beziehungen.

Aber man kann den Hörer nachher wieder auflegen, man kann das Handy per Tastendruck ausschalten, die Verbindung vergessen und bei sich selbst bleiben.

Dieser Werbespot scheint absolut im Trend der Zeit zu liegen, denn auf der Titelseite der Zeitschrift **Der Spiegel** war vor einiger Zeit groß zu lesen:

Vom Ehe-Leid – zur Ehe light

Wozu die Quälerei?
Immer mehr Deutsche organisieren
ihre Beziehung selbst!
Beziehung ja – Ehe lieber nicht.

Darum spricht man heute lieber von befristetem Zusammensein, von Lebensabschnittsbegleitern, von Kettenehen (also verschiedenen Ehen hintereinander) und Patchworkfamilien (also Familien, die sich aus den Bruchstücken zerbrochener Familien zusammensetzen).

Erwarten Sie nun aber nicht, daß wir ein Klagelied über die katastrophalen Zustände in unserer heutigen Gesellschaft anstimmen oder ein moralisches Donnerwetter loslassen über die gottlosen Sitten auf dem Gebiet des partnerschaftlichen Zusammenlebens.

Wir heißen diese Entwicklung keineswegs gut. Aber darüber zu jammern und zu klagen verändert die Situation nicht. Vielmehr möchten wir Sie jetzt mitnehmen auf eine Entdeckungsreise, auf der wir nach dem Sinn und Zweck der Bindung in einer Verbindung Ausschau halten. Daß Bindung auch ihre Begrenzung hat und daß zur Nähe auch Distanz gehört, wollen wir dabei nicht außer acht lassen.

In drei Schritten wollen wir nun unser Thema entfalten und formulieren den ersten Schritt so:

«Ich fühl mich dir verbunden.» – Reicht das?

Silvia und Peter haben sich beim Skifahren in Davos kennengelernt. Zufällig hielten sie sich am gleichen Skiliftbügel fest, wechselten einige Worte, fanden einander auf Anhieb sympathisch und trafen sich dann zufällig wieder, unten bei der Talstation. Sie tranken einen Punsch zusammen, spürten, daß es zwischen ihnen funkte. Er getraute sich, sie für den Abend zum Essen einzuladen. Innerhalb von wenigen Tagen entwickelte sich zwischen ihnen eine Verbindung, eine Beziehung.

Sie trafen sich immer wieder zum gemeinsamen Skifahren und abends zum Essen, freuten sich über die gleichen Interessen, die sie hatten. Endlich hatte man einen Menschen gefunden, der ähnlich dachte und empfand, mit dem man reden und diskutieren konnte und der in seiner Art doch auch anders war und Ergänzung bedeutete.

«Die Chemie stimmt einfach zwischen uns», sagte Peter. Und Silvia fand es so schön – die Vorfreude auf das Wiedersehen am Morgen, die Bereicherung, die durch diese Ferienbekanntschaft in ihr Leben gekommen war. Schlichtweg super!

Die Ferien gingen viel zu rasch zu Ende, und die Frage drängte sich auf: Wie geht es weiter mit dieser Beziehung? Ein Gefühl von innerer Verbundenheit und Zusammengehörigkeit war entstanden. Der

Wunsch wuchs, einander weiterhin zu sehen, miteinander etwas zu unternehmen, sich näher kennenzulernen, zumal die Wohnorte gar nicht so weit auseinanderlagen.

Gesagt, getan. Peter und Silvia trafen sich an den Wochenenden – bei ihm oder bei ihr. Sie lernten gegenseitig ihre Wohnung, den Freundes- und Verwandtenkreis kennen. Je häufiger sie zusammen waren, desto mehr erfuhren sie voneinander und desto näher kamen sie sich; desto mehr Abmachungen und Spielregeln brauchte es allerdings auch, um das Miteinander zu gestalten und zu meistern.

Irgendwann tauchte dann die Frage auf: «Brauchen wir eigentlich zwei Wohnungen? Wir könnten doch zusammenziehen und das Leben, den Alltag miteinander teilen. Oder heiraten!» Silvia hatte gerade die Hochzeit ihrer Freundin miterlebt und so schön gefunden.

Ja, wirklich – warum sollten die beiden nicht heiraten? Im Laufe ihrer Beziehung war doch eine Bindung aneinander gewachsen, die man nicht ohne weiteres auflösen konnte.

Die Vorstellung, sich fürs ganze Leben auf Silvia festzulegen und sein Leben durch ein Versprechen an Silvia zu binden, löste bei Peter allerdings tiefe Ängste aus.

«Man weiß doch nie, wie man sich weiterentwickelt und was aus einem wird», sagte Peter. «Stell dir vor, einer von uns wird krank! Oder lernt einen anderen Menschen kennen, der besser zu ihm paßt, ihm mehr gibt!»

Die Bindungsängste wurden so groß, daß er die Verbindung mit Silvia abbrach. Beide waren tief enttäuscht, verletzt und verunsichert.

An diesem Beispiel möchten wir etwas aufzeigen vom Wachsen der Verbindlichkeit in einer Beziehung. Oberflächliche Bekanntschaften bleiben meist unverbindlich, sie gehen kaum über ein bißchen «small talk» und höfliches Plaudern hinaus. Tiefere Beziehungen, Freundschaften, eine Ehe bergen in sich eine Verantwortung für den andern. Saint-Exupéry sagt im Buch «Der kleine Prinz»: *«Du bist zeitlebens für das verantwortlich, was du dir vertraut gemacht hast.»*

Damit umzugehen, fällt nicht allen gleich leicht oder gleich schwer.

Was bedeutet die Bindung, die lebenslange Verpflichtung zur Treue und Hingabe an den Mann/die Frau in der Ehe? Ist das wirklich noch zeitgemäß in einer Gesellschaft, in der nahezu jede zweite Ehe wieder geschieden wird? Wären alternative Formen des Zusammenlebens nicht besser, weniger einengend, weniger störanfällig, besser geeignet für den heutigen Menschen?

Sind wir Menschen mit der verbindlichen Form der Ehe nicht völlig überfordert?

Wir verstehen alle diese Fragen gut. Wir arbeiten beide ja oft mit Ehepaaren, die an ihrer Beziehung und ihrer Bindung sehr leiden. Wahrhaftig: Ehe ist kein Sonntagsspaziergang und auch kein harmloses Vergnügen.

Und doch ist die Ehe von Gott gewollt; sie ist seine Stiftung. Der Schöpfer selbst fügt Mann und Frau als Einheit zusammen und schützt diese Verbindung durch seine Gebote. Die Ehe entsteht durch die innere Übereinkunft eines Paares, sich einander verbindlich anzuvertrauen und miteinander zu leben.

Die innere Übereinkunft wird nach außen bekanntgemacht. Je nach Partnerwahl sind die Eltern und Verwandten mehr oder weniger freudig damit einverstanden. Das Paar erhält seinen Platz in der Verwandtschaft und der Gesellschaft, es wird auf- und angenommen.

Die Ehe hat ferner öffentlich-rechtlichen Charakter, einen von Staat und Gesellschaft anerkannten Rahmen. Sie ist rechtlich geschützt und mit einer Reihe von Gesetzen und Paragraphen geordnet.

Die meisten Ehepaare möchten darüber hinaus eine Hochzeitsfeier in der Kirche. Sie geben sich ihr Jawort vor Gott.

Heute formulieren die Paare oftmals selbst ihr Treueversprechen, das sie einander vor dem Traualtar geben. In Variationen klingt es meistens ungefähr so:

«Ich will dich annehmen und liebhaben, dir helfen und beistehen ein Leben lang. Ich verspreche dir, daß ich dir treu bleibe und zu dir stehen will durchs ganze Leben, in guten und schweren Zeiten. Gott möge mir dazu helfen.»

Damit wird, wie man so schön sagt, der Bund der Ehe geschlossen.

Wenn dieser Bund nur auf dem Treueversprechen von zwei Menschen gründet, ist er immer auf schwankendem Grund und gefährdet – auch wenn der Entschluß zur Treue und Hingabe noch so ehrlich war. Wir kommen schnell an die Grenzen unseres Vermögens.

In der Bibel wird eine interessante Illustration gebraucht zu diesem Thema. Es heißt im Predigerbuch (4,9-12): *«Zwei haben es besser als einer allein, denn zusammen können sie mehr erreichen. Stürzt einer von ihnen, dann hilft der andere ihm wieder auf die Beine. Doch wie schlecht steht es um den, der alleine ist, wenn er hinfällt! Niemand ist da, der ihm wieder aufhilft! Wenn zwei in der Kälte zusammenliegen, wärmt einer den anderen, doch wie soll einer allein warm werden? Einer kann leicht überwältigt werden, doch zwei sind dem Angriff gewachsen …»* – Zwei zusammen sind also besser dran als einer allein!

Aber die Hauptsache kommt erst: *«Ein Seil aus drei Schnüren reißt nicht so schnell!»*

Es sind nicht nur *zwei* in diesem Bund zusammengeschlossen, es sind *drei.* In der Ehe wirkt die Kraft von drei Personen, die Kraft eines Mannes, einer Frau und die des lebendigen Gottes.

Wenn Gott in diese menschliche – und daher immer schwache – Beziehung eingeschlossen wird, kommt eine neue Dimension dazu.

In jeder Beziehung gibt es Zeiten der Belastung, wo dieses Seil Zerreißproben ausgesetzt ist. Vielleicht wird ein Strang beschädigt, aber die beiden andern sind noch ganz und vermögen die Spannung auszuhalten. Vielleicht hängt auch einmal alles nur noch an *einem* Strang: an Gottes Ja zu dieser Ehe und an seiner Liebe zu beiden Ehepartnern. Es könnte *die* Hilfe sein, die Schwachstellen auszubessern und sich neu in eine tragfähige Verbindung hineinnehmen zu lassen.

In der Bibel wird meist dann von einem «Bund» gesprochen, wenn Gott selbst mit den Menschen eine bindende Abmachung trifft, sich festlegt mit einem Versprechen. Dieser Bund gilt durch alles hindurch, weil Gott sich selbst daran gebunden hat. Im Alten Testament wurde jeder Bund durch ein Opfer (beispielsweise durch Tieropfer) rechtskräftig. Vom Neuen Testament her können wir mit dem Vater im Himmel in einem Bund leben, weil Jesus mit einem

Opfer – mit seinem Tod am Kreuz – für uns diesen Bund rechtsgültig gemacht hat.

Auch zum Ehebund gehören «Opfer». Es muß sich zwar nie der Mann für die Frau oder die Frau für den Mann aufopfern. Das hat Jesus Christus ein für allemal für uns getan, und sein Opfer ist gültig auch für unsere Ehe. In diesem Opfer ist auch bereits die Vergebung bereit und angeboten für unsere ganze Unfähigkeit, einander wirklich das zu geben, was wir brauchen, für alles Schuldigwerden aneinander.

Aber wir opfern unsere Unabhängigkeit, unser selbständiges Entscheiden und Gestalten des Lebens nach unserem Eigenentwurf. Dies und anderes geben wir auf zugunsten der Gemeinsamkeit, der gemeinsamen Entscheidung, der Absprache mit dem andern, der Rücksichtnahme aufeinander.

Kein Ehepartner lebt mehr nur für sich selber. Wir geben uns einander zum Geschenk und empfangen einander als Geschenk.

Ehe in diesem Sinn ist kein Arrangement, bei dem es darum geht, wieviel jeder zu geben bereit ist. Eine solche Ehe ist gelebte Hingabe an Gott und aneinander, ohne Angst, zuletzt «als der bzw. die Dumme» dazustehen. In dieser Ehe wagt man sich einander anzuvertrauen, weil die Garantie zum Gelingen der Ehe nicht einfach nur im Partner gesucht wird, sondern in dem, der uns beide hält, in Gott.

Wir haben dazu in der Zeitschrift *AUFATMEN* ein Beispiel gelesen, das etwas von der Tiefe dieses Bundesgedankens illustriert. Wir geben es mit unseren Worten weiter:

Robertson McQuilkin war bereits 22 Jahre lang ein erfolgreicher und beliebter Präsident der Columbia International Universität, als seine Frau an Alzheimer erkrankte und bald nicht mehr allein daheim sein konnte. Er stand vor der schweren Frage, ob er seine Frau in ein Pflegeheim bringen und seinem wichtigen Beruf weiter nachgehen sollte oder ob er seine Karriere aufgeben und zu Hause bei seiner kranken Frau bleiben, sie pflegen und für sie sorgen sollte. Die Wahl fiel ihm schwer, vor allem weil ihm seine Freunde ringsum rieten, doch ja im Amt zu bleiben. Er entschied sich aber für die Pflege seiner Frau, und zwar nicht aus Pflicht, weil er vor vierzig Jahren versprochen hatte, das Leben in guten und bösen Tagen mit ihr zu teilen. Nein, er tat es mit einer solchen Liebe und Dankbarkeit für seine Frau Muriel, daß uns beim Lesen dieses Berichtes die Tränen kamen.

Wohlverstanden, das ist ein Beispiel! Man kann daraus keine Verhaltensregel für ähnliche Situationen machen. Es gibt auch andere Führungen, die für die Betreffenden dann ebenso richtig sein können.

Manchem wird's im Bund zu bunt. – Was dann?

Nun werden manche befürchten: Wird hier nicht wieder das alte Ehebild verbreitet, das wir endlich zu überwinden begonnen haben? Das Bild einer Ehe, die bindet, lähmt, unfrei macht? Einer Ehe, die unselbständige, ganz von ihren Männern abhängige Frauen hervorbringt? Oder, umgekehrt, dominante Frauen, die an ihren schwachen Männern leiden?

Es ist wahr: Es gibt genug Ehen, die das Leben einengen; genug Ehe-Zerrbilder, wo die Ehe als Gefängnis erlebt wird. Es gibt genug Ehen, in denen die Ehepartner so aneinander leiden oder einander so stark erdrücken, daß kein Raum bleibt für Entwicklung und Entfaltung des Lebens.

Was die Ehen heute bräuchten, ist Befreiung, nicht neue Knechtschaft durch das Aneinander-Gekettet-Sein in einer Bindung. Befreiung? Ja!

Ja, wir sind für Befreiung in der Ehe!

- Für eine Befreiung aus dem Gefangensein in unheilen Reaktionsmustern, wo man nur noch aufeinander reagiert: «Wenn du das so machst, mache ich es eben so.» – «Weil du dieses tust, darf ich mir jenes herausnehmen.» – «Weil du das, darum ich jenes.» – «Wenn du nicht den ersten Schritt tust, dann tue ich ihn auch nicht.»
- Wir sind für eine Befreiung aus der Gefangenschaft des Trotzes und des Rückzugs in den Schmollwinkel.
- Wir sind für eine Befreiung aus zuviel Nähe, die zur Überbemutterung, zur Überfürsorge führt und unfrei macht. Es gibt eine erdrückende Nähe und Zuwendung, die den andern in seinem Eigensein nicht respektiert.

Bindung und Freiheit gehören zusammen, sie gehören zusammen in die Ehe. Wir haben uns aus freien Stücken zur Bindung entschieden. Die Bindung ist die Grundlage, auf der die Freiheit gedeihen kann:

- die Freiheit, sich aus freien Stücken jeden Tag neu das «Ja» zu sagen;

- die Freiheit zur gegenseitigen Liebe;
- die Freiheit, einander Raum zu geben zur Entfaltung und Förderung von Gaben;
- die Freiheit, ein eigener Mensch zu bleiben im Gemeinsamen der Ehe.

Manchmal kommen Paare in die Eheberatung, die nach der Schilderung ihres Problems die für sie so wichtige Frage stellen: «Meinen Sie nicht auch, daß für uns nur noch eine Trennung in Frage kommt?»

Und wir sagen: «Ja!»

Ja, wir sind für eine Trennung!

Aber wahrscheinlich nicht die, die Sie sich vorstellen, bei der die Ehe getrennt wird. Es gibt eine Trennung, die die Ehe zusammenhält. Es ist die Trennung

- von falschen Bildern über den Partner;
- von negativen Gedanken;
- von Machtkämpfen und Bestrafungsaktionen.

Es braucht eine Trennung von Rollenverteilungen, die nicht mehr passen. Wenn die Kinder ausgeflogen sind, wenn beide auswärts arbeiten gehen, wenn der Mann pensioniert wird, dann entstehen neue Aufteilungen von Arbeit und Freizeit, von gegenseitiger Hilfe. Darauf muß man eingehen, miteinander reden und sich anpassen.

Es braucht eine Trennung von festgefahrenen Gesprächsabläufen, die in gegenseitigem Anschweigen oder Anklagen enden.

Solange wir gewissermaßen ineinander verkeilt sind und nur noch die Probleme sehen, leben wir wie in einer Kampfarena zusammen. Unser Miteinander gleicht einem Ringkampf oder Boxkampf, bei dem wir die Schwachstellen beim Gegenüber suchen, um einander zu besiegen.

Was wäre das für eine Hilfe, wenn ein Ringrichter käme, der uns voneinander trennen und in einem ruhigen Raum unseren Kampf per Video vorführen würde!

Bestimmt würden wir erschrecken und aus der Distanz auch falsche Umgangsformen und Reaktionsmuster entdecken.

Distanz ist nötig, um achtungsvoll und achtsam miteinander umgehen zu können.

Im Alten Testament sagt Jonathan zu seinem Freund David: *«Zwischen dir und mir steht der Herr»* (1. Samuel 20,42; Luther). – Gott ist zwischen uns, schützend und trennend. Trennend in dem Sinne, daß er uns bewahrt vor dem Besitzergreifen des andern und dem gegenseitigen Beherrschen.

Trennend auch von Überforderung und zu hohen Erwartungen aneinander. Zu viel erwartet man zum Beispiel vom Partner, wenn dieser all den Mangel an Liebe, unter dem man in der Kindheit gelitten hat, ausgleichen soll. Wenn er das Lebensglück oder der Lebenssinn schlechthin sein muß.

Gott schafft zwischen uns Raum zum Leben!

Nichts verbindet so wie das Trennende. – Stimmt das?

Den Lebensraum der Ehe zu gestalten ist eine Lebensaufgabe, denn die Ehe ist eine vielschichtige, komplizierte Lebensform.

Die Liebe, die man zu Beginn einer Beziehung so selbstverständlich und ganzheitlich gespürt hat, muß in die Alltagssprache übersetzt werden.

Jede Ehe ist wie eine eigene kleine Firma, in der es organisatorische Absprachen zu treffen gilt, wirtschaftliche Entscheidungen gefällt werden müssen, gemeinsamer Besitz zu verwalten ist, Schritte vereinbart werden, die für beide wichtig sind, um weitere Ziele zu erreichen. Zwei Lebensstile müssen zusammengebracht und zu einem harmonischen Ganzen zusammengefügt werden, ohne daß die Partner ihre Individualität und Originalität verlieren. Das gilt auch für die gemeinsame Freizeitgestaltung und vieles andere.

Spüren Sie etwas von der anspruchsvollen Aufgabe, die in jeder Ehe wartet? Das kann nie einer allein bewältigen. Es braucht das Gespräch, die gemeinsame Übereinkunft, den Konsens. Beide tragen und übernehmen Verantwortung für den Aufbau und die Pflege ihres gemeinsamen Eheraumes.

Am Anfang einer Ehe freut man sich über die Gemeinsamkeit, die aus der Übereinstimmung wächst. Man sieht das Gemeinsame, das Verbindende. Nach einer gewissen Zeit werden die Unterschiede, das Anderssein schmerzhaft und störend wahrgenommen. Man sieht das Trennende, bis hin zur Frage, ob man nicht den Falschen geheiratet hat.

Diese schwierige Ehephase mündet (hoffentlich) im «Ja zur Andersartigkeit», in der gegenseitigen Annahme trotz aller Verschiedenartigkeit. Das Gegensätzliche wird zur Ergänzung und damit zur Bereicherung. Wir gestehen uns gegenseitig zu, daß wir unterschiedlich empfinden, denken, reagieren.

Das ergibt eine gesunde Spannung, es entsteht der «Raum zum Leben», wo wir das «Sowohl – als auch», die Gegensätze also, integrieren können.

Zu diesen Gegensätzen noch einige Stichworte:

Bindung	↔	Freiheit
Nähe	↔	Distanz
Geben	↔	Nehmen
Festhalten	↔	Loslassen
Nachgeben	↔	Durchsetzen
Streiten	↔	Versöhnen
Lachen	↔	Weinen
Gemeinsam	↔	Einsam
Reden	↔	Schweigen
Anpassen	↔	Abgrenzen
Ja	↔	Nein

Geben und Nehmen in der Ehe

Wir lasen einmal den Satz: «In jeder Ehe gibt es einen Täter und ein Opfer.» – Unter «Täter» verstand der Autor einen Menschen, der nimmt, der den andern braucht, auf seine Kosten lebt. Das «Opfer» war der Mensch in der gebenden Haltung, der davon lebt, daß er geben kann und daß er gebraucht wird.

Wir stimmen dem oben zitierten Satz nicht zu. Denn auch das Opfer, der Gebende, nimmt. Er erhält vielleicht Anerkennung oder Annahme («Streicheleinheiten») für sein Geben.

Wir leben normalerweise in der Doppelrolle als Nehmende und Gebende. Aber ab und zu entsteht ein Ungleichgewicht. Je nach unserer Art neigen wir mehr zum Geben oder Nehmen. Da ist es gut, immer wieder einmal zu prüfen, wohin sich die Waagschale neigt und wie wir wieder ins Gleichgewicht kommen können.

Mit «Geben» sind freilich nicht nur Geld oder Geschenke gemeint! Die braucht es auch, und sie gehören dazu. Vor allem aber gebe ich meinem Partner etwas durch mein Zuhören, mein Interesse an seinem Ergehen, durch mein Dasein mit ihm und für ihn, durch meine Zärtlichkeit, dadurch, daß ich ihn ermutige für seine Arbeit, zu ihm stehe, ihn unterstütze in seiner Aufgabe.

Menschen, die sich minderwertig fühlen, sind schneller in der Gefahr, nur zu geben und sich selbst zurückzustellen. Sie versuchen, die anderen zufriedenzustellen. Sie getrauen sich nicht zu fordern. Aber irgendwann kommt der Moment, wo sie sich ausgenutzt und mißbraucht vorkommen und die Selbstachtung noch mehr verlieren.

Christiane Allert hat das so formuliert: *«Ich wollte dich nicht verlieren und bemühte mich, immer nett, immer verständnisvoll, immer attraktiv für dich, immer an dir interessiert zu sein. Dabei verlor ich mich.»**

Ich darf auch nehmen, etwas erhalten. Ich darf Bedürfnisse haben und dazu stehen. Mein Partner ist auch für *mich* da. Ich darf mich ihm zumuten mit meinen Problemen. Ich darf auch Grenzen setzen und nein sagen, weil ich mich selbst achte und weiß, daß ich wertvoll bin.

Apropos Bedürfnisse anmelden:

Sie sagt herzlich: «Wie wäre es mit einem Kuß? Wir sind heute zehn Jahre verheiratet!» – Er, etwas weniger herzlich: «Meinetwegen. Aber nicht, daß du jetzt alle zehn Jahre so ein Theater machst!»

Bindung und Freiheit in der Ehe

Dieser Gegensatz umfaßt den Hauptgedanken in diesen Ausführungen.

Man könnte eine ganze Reihe ähnlicher Gegen-

* Zitiert nach Walter Ritter, *Die Leiche geht durch die Haut* (Friedrich Reinhard Verlag, Basel).

satzpaare aufzählen, die alle in die gleiche Richtung gehen und bei denen wir dieses «sowohl – als auch» einüben müssen. Sie beschreiben das spannende, oft spannungsvolle Unternehmen Ehe!

wir	und	ich
Nähe	und	Distanz
ja	und	nein
anpassen	und	abgrenzen
nachgeben	und	durchsetzen
gemeinsam	und	einsam
reden	und	schweigen
verzichten	und	beharren
können		können

Eigentlich müßten diese Pfeiler total auseinanderstreben. Sie beinhalten wirklich Gegensätze! Sie zusammenzubringen, miteinander zu verbinden, ist die Kunst einer lebendigen Beziehung. Das geht logischerweise nie ohne Konflikte ab, nicht ohne gemeinsames Suchen und Ringen nach fairen Kompromissen und Lösungen.

Der erste Pfeiler fördert und sucht das Gemeinsame, Verbindende, das Wir, die «Eheperson».

Eine Beziehung kann nur gelingen, wenn diese Seite bewußt gepflegt wird. Beide Partner brauchen die offenen Augen, das offene Herz für den andern. Sie müssen einander wahrnehmen, aufeinander eingehen, sich füreinander interessieren und Anteil aneinander nehmen.

Ja, noch mehr: Sie müssen bereit sein zum Verzicht. Sie müssen verzichten können auf eigene Bedürfnisse und Bequemlichkeiten, verzichten können auf das eigene Recht (beispielsweise darauf, daß ich in der Sache recht habe, es richtig sehe!) – aus Liebe zum anderen.

Gefragt ist die Fähigkeit zur Hingabe, zum Opfer. Opfer ist hier nicht gemeint im Sinne von Selbstaufopferung, wo man sich verpflichtet fühlt, durchzuhalten bis hin zum Martyrium, und wo man ja keinen Fehler machen will. Es geht um ein Opfer, das ich freiwillig aus innerer, freier Bereitschaft bringe, weil mir das Gemeinsame, das Miteinander so viel wert ist. Solche hingabebereite Liebe kann gerade bei schweren Lebensführungen zum Tragen kommen, wenn ein Partner durch Krankheit, Unfall oder Behinderung nicht mehr gleich viel – oder in anderer Form als früher – beiträgt zur gemeinsamen Beziehung.

Der zweite Pfeiler ist der Pfeiler der Eigenständigkeit, der mehr die unverwechselbare Persönlichkeit des einzelnen Partners betont, die Unterschiedlichkeit des Mann- und Frauseins; die Einzigartigkeit durch die verschieden geprägte Lebensgeschichte und die Herkunft; die anders gearteten Gaben und Fähigkeiten; die Verschiedenartigkeit in Temperament und Charakter.

Im Grunde ist es ein Wunder für sich, daß zwei so unterschiedliche Menschen überhaupt zusammenkommen und in einer Ehe zusammenwachsen können. Dabei bleiben sie aber eigenständige Persönlichkeiten mit einer eigenen Verantwortung für sich selbst. Jeder Partner macht seine eigene Entwicklung durch.

Die Eigenentwicklung beeinflußt allerdings – hindernd oder fördernd – den Partner. Deshalb muß die Eigenverantwortung auch das, was mit dem Partner geschieht, im Blick behalten. Es gibt keine Eigenentwicklung, die den Partner nichts angeht.

Alles, was der Mann bzw. die Frau tut (oder eben nicht tut), alles, was beim einen wird und geschieht, hat Auswirkungen auf den anderen, aufs Gemeinsame.

Sobald ein Partner aufhört, sich am Aufbau des ersten Pfeilers – am Wir – zu beteiligen, und sich ausschließlich um den zweiten Pfeiler kümmert, beginnt ein Beziehungsabbruch. Einer allein strampelt sich mühsam ab beim ersten Pfeiler. Man kann aber eine Beziehung schlecht auf Dauer allein lebendig erhalten. Viel Bitterkeit und Frust, viele Enttäuschungen und Entmutigungen in den Ehen kommen aus diesem Alleingelassenwerden im Bemühen um die Beziehung.

Frauen haben oft ein sehr sensibles Gespür für diese Beziehungsseite und setzen viel ein, um sie zu pflegen. Wenn der Mann aber nicht mitzieht, sich nicht auch einsetzt für das Gelingen der Beziehung, diese Seite nicht sucht und bestätigt, verliert die Frau mit den Jahren die Lust, einseitig in die Beziehung zu investieren. Sie fühlt sich verlassen, im Stich gelassen. Irgendwann zieht sie sich auch zurück, sucht ihren eigenen Weg, tut, was ihr gefällt, und stellt den Mann eines Tages gar vor die Alternative: «Entweder ziehst *du* aus oder ich. Ich mag nicht mehr.»

Männer reagieren darauf oft schockiert. Sie haben die Entfremdung nicht wahrgenommen, haben gar nicht gemerkt, daß nichts Gemeinsames wachsen konnte. Sie waren damit zufrieden, daß die Frau da war, den Haushalt machte, Geborgenheit vermittelte.

Wenn es dann zum großen Knall und zum bösen Erwachen kommt, ist es leider oft zu spät, um die Beziehung noch zu verändern und zu retten.

Natürlich gibt es dieses Spiel auch mit umgekehrter Rollenverteilung. Die Scheidung wird aber weit häufiger von Frauen eingereicht!

Von Anfang an müssen beide Ehepartner das Wir pflegen – und gleichzeitig darauf achten, daß dabei die Eigenständigkeit nicht zu kurz kommt.

Wir haben Ehen kennengelernt, in denen das Nachgeben «um des lieben Friedens willen» jahrelang fast extrem gelebt wurde. Da hieß es:

«Ja Schatz, du hast recht!» – «Ja, wir machen es so, wie du sagst.» – «Ja, deine Vorschläge sind immer gut.»

Man ging auf in der Meinung des andern und lebte totale Hingabe.

Und dann kam plötzlich der Wechsel, und es hieß:

«Nein, das mache ich nicht.» – «Nein, da komme ich nicht mit.» – «Nein, da habe ich eine andere Meinung.»

Plötzlich kommt der Drang nach Abgrenzung, Eigenständigkeit. Gerade Frauen in der Lebensmitte machen oft eine Krise durch und wechseln ihre Position. Sie verunsichern damit ihre Männer, die dann oft nicht mehr wissen, wie sie sich verhalten sollen.

Dieser Wechsel ist schwer zu verkraften und «ins Geleise zu bringen», damit der Ehezug weiterfahren kann.

Darum ist es gut, wenn die beiden Pfeiler nicht in

der Luft hängen, sondern auf einem soliden Fundament stehen.

Impuls für das Ehegespräch

- Nehmen Sie sich möglichst eine Stunde Zeit an einem Abend. Jeder von Ihnen hat 5–10 Minuten Zeit zur Verfügung, seine Sicht von «Freiheit in der Ehe» zu entfalten. Der andere hört jeweils ohne zu unterbrechen zu.
- Machen Sie das gleiche mit dem Thema «Bindung in der Ehe».
- Greifen Sie in einem weiteren Gespräch die Punkte auf, bei denen Sie unterschiedlich denken. Suchen Sie nach Übereinstimmung und Konsens, oder versuchen Sie, unterschiedliche Bedürfnisse des andern zu respektieren.

3

Reden tut not, Schweigen bringt Tod

Von der Sprachlosigkeit in der Ehe

Erika hatte bei uns angerufen und dringend um einen Gesprächstermin für sich und Oswald gebeten. Ihre Stimme klang verzweifelt. Auf unsere Frage, um was es sich denn handle, kam spontan die Antwort: «Wir können nicht miteinander reden.»

Als die beiden uns dann einige Zeit später gegenübersaßen, hatten wir nicht den Eindruck, hier handle es sich um ein Paar, das todunglücklich sei oder sich in einem tiefen Zerwürfnis befinde. Und wieder sagten sie uns: «Wir können nicht miteinander reden!»

Nach einigen Rückfragen erfuhren wir dann, daß es eigentlich darum ging, daß Oswald nicht oder nur schlecht ein Gespräch mit seiner Frau führen konnte. Nach und nach kamen «die Brocken» heraus. In den ersten Jahren seines Lebens war seine Mutter gestorben. Haushälterinnen, Tanten und dann später eine neue Mutter hatten sehr wortreich den schüchternen Jungen zum Reden bewegen wollen. Er aber hatte sich mehr und mehr verschlossen und in seinem Herzen geschworen: «Mit Frauen rede ich nicht, die wollen einen doch nur herumkommandieren!» Dazu kam die praktizierte Lebenseinstellung seines Vaters: «Man muß weniger reden, mehr tun!»

Hier lag offensichtlich die Wurzel seiner Schweigsamkeit und der mangelnden Bereitschaft, mit Erika zu sprechen.

Es gibt viele Ursachen dafür, daß die Kommunikation in der Ehe zum Erliegen kommt. Irgendwo sind Barrikaden aufgetürmt worden, die das Gespräch blockieren oder verhindern. Dabei gibt es wohl kaum ein Ehepaar, das nicht zutiefst im Herzen den Wunsch hat, daß das Miteinander gut und harmonisch verläuft. Das nicht hofft, daß man bei auftretenden Spannungen und Meinungsverschiedenheiten über die Differenzen reden kann. Und das sich nicht danach sehnt, daß man einander in liebender Zuwendung wohltut. Zumindest ist das wohl bei jedem Ehepaar einmal die Ausgangslage gewesen.

Die Realität, die wir leben, ist allerdings oft so:

- Wir haben zwar den Wunsch nach Gemeinsamkeit – doch es gibt auch viel Einsamkeit in der Ehe.
- Wir sehnen uns zutiefst nach Nähe – doch wir spüren auch immer wieder viel Distanz in der Beziehung.
- Wir haben das Bedürfnis nach Austausch und Gespräch – aber oftmals herrscht Schweigen, und ein Partner oder beide verstummen für kürzere oder längere Zeit in der Ehe.

Es setzt eine schleichende Entfremdung ein, die sich unter anderem in folgenden Symptomen äußert:

- Wir fühlen uns von andern besser verstanden als vom Partner.
- Es herrscht eine Atmosphäre von Langeweile und Traurigkeit in unserer Beziehung.
- Gefühle von Enttäuschung, Bitterkeit und Einsamkeit kommen auf.

- Es ist mir gleichgültig, wie es dem Partner geht. Seine Sorgen und Freuden interessieren mich nicht mehr.
- Wir haben uns nichts mehr zu sagen.
- Die Bewunderung für den Partner schwindet.
- Zwischen uns ist ständig Gereiztheit oder schlechte Laune spürbar.

Es ist wichtig, diese Symptome ohne Schuldzuweisung und Vorwürfe wahrzunehmen. Es bringt nichts, wenn wir sagen: «Deinetwegen ist es so, du bist schuld!» – Es sind Alarmsignale, die uns wachrütteln wollen, damit wir bewußt und willentlich für unsere Beziehung etwas tun.

Jede Beziehung braucht Pflege

Wie überall im Leben gilt auch in der Ehe: Wir müssen etwas investieren, damit wir etwas gewinnen. Wir müssen etwas Gutes säen, damit etwas Schönes wachsen und blühen kann. Nur so macht Ehe Freude. Wir können das in verschiedenen Bildern ausdrücken:

- Ein wesentlicher Pflegefaktor in der Ehebeziehung ist das Gespräch. Es gibt kein Verstehen, keine Verständigung, ohne Gespräch.
- Das Gespräch ist das Fenster, durch das der andere mich entdecken und sehen, mich kennenlernen kann.
- Im Gespräch, im Reden und Zuhören und indem wir aufeinander eingehen, geben wir einander Anteil an unseren Gedanken und Gefühlen und nehmen Anteil am Sein des andern.
- Gespräch bedeutet: in Beziehung treten. Wir bauen

durch das Gespräch eine Brücke, die zwei Ufer miteinander verbindet. Über diese Verbindung können wir zueinanderfinden, uns verstehen.

In der Ehe reden ja nicht zwei Computerfachleute über Software, sondern zwei Menschen, zwei Liebende reden miteinander. Da sind Herz und Verstand gemeint, da sind Zuwendung und Zeit füreinander gefragt.

Warum fällt uns das immer wieder so schwer? Es hängt damit zusammen, daß es mancherlei *Gesprächshindernisse* gibt, zum Beispiel:

- Ich bin abends zu müde.
- Ich kann mich schlecht ausdrücken.
- Ich setze mich nicht gerne mit Problemen auseinander.
- Ich habe Angst, meine Meinung zu sagen, weil ich deine Reaktion darauf fürchte.
- Ich empfinde, daß ich sowieso immer den Kürzeren ziehe und dir unterlegen bin.
- Du hast meistens schon entschieden, wenn du etwas fragst.
- Ich nehme Kritik sehr persönlich und reagiere empfindlich darauf.

Erinnern Sie sich noch daran, wie gerne und wie viel Sie miteinander geredet haben in der Phase des Kennenlernens, am Anfang Ihrer Beziehung? Diese Verliebtheitsphase kommt zwar nicht mehr zurück, das ist auch nicht nötig. Aber die Wiederbelebung des Ehegesprächs ist einiges an Anstrengung wert. Es lohnt sich! Voraussetzung ist allerdings die innere Entscheidung: Ja, das will ich – das wollen wir beide! Und dann ist unser Wille gefragt:

- Ich will mich öffnen und erzählen.
- Ich will mich dir zuwenden und zuhören.
- Ich will mir die Zeit nehmen für dich, denn die Ehebeziehung hat den Vorrang.

An der Brücke zueinander muß man jeden Tag bauen, von beiden Seiten her!

Die verschiedenen Ebenen der Kommunikation

Wir treten mit jedem Gespräch in Beziehung zum Gegenüber; aber nicht jedes Gespräch baut auf, nicht jedes Gespräch bringt Nähe und Verständigung mit sich.

Negative Gespräche, Nörgelei, Kritik und unfaire Streitgespräche können zum Einsturz der Beziehungsbrücke führen. Sie können den Beziehungstod verursachen.

Wir möchten Sie im folgenden mit den fünf Ebenen der Kommunikation (nach John Powell) bekanntmachen:

- **Ebene 1:** *Das oberflächliche oder Klischee-Gespräch*
  Diese Art der Unterhaltung ist völlig ungefährlich. Wir verwenden darin Redewendungen wie «Wie geht es Ihnen?» – «Was macht Ihre Familie?» – «Lange nicht mehr gesehen!» – «Ihr Anzug gefällt mir.» Solch einem Gespräch fehlt das persönliche Mitteilen. Jeder Sprecher verharrt dabei sicher hinter seiner Schutzwand. Man exponiert sich nicht dabei.

- **Ebene 2:** *Wir sagen Fakten und Tatsachen weiter*
  Bei diesem Gesprächsstil begnügen wir uns damit, Dinge zu erzählen, die wir von anderen gehört haben. Wir müssen dabei nicht unsere eigene Meinung einfließen lassen. Wir berichten die Tatsachen sozusagen im Stil der Tagesschau. Wenn wir auch Tratsch oder kleine Begebenheiten zum besten geben, so legen wir uns dabei dennoch gefühlsmäßig nicht fest.

- **Ebene 3:** *Wir sagen unsere Meinung weiter, geben unsere Vorstellungen und Beurteilungen zu erkennen*
  Hier setzt die eigentliche Kommunikation ein. Wir sind bereit, unseren persönlichen Bereich zu öffnen und einige unserer Überzeugungen und Entscheidungen preiszugeben. Trotz aller Offenheit sind wir jedoch auf der Hut, und beim ersten Anzeichen von Ablehnung ziehen wir uns augenblicklich innerlich zurück.

- **Ebene 4:** *Wir sprechen von unseren Gefühlen*
  Auf dieser Stufe teilen wir die *Gefühle* mit, die wir in bezug auf Tatsachen, Vorstellungen und Urteile haben. Gefühle, die unterschwellig vorhanden sind, werden enthüllt. Wenn jemand sich einem anderen Menschen wirklich mitteilen will, muß er dahin kommen, seine Gefühle zu offenbaren.

- **Ebene 5:** *Wir pflegen eine aufrichtige Kommunikation aller Gefühle und persönlichen Belange*
  Alle tiefergehenden Beziehungen müssen sich auf vollkommene Offenheit und absolute Aufrichtigkeit gründen können. Das gilt ganz besonders für die Ehe. Es ist nicht immer leicht zu bewerkstelli-

gen, weil ein Risiko damit verbunden ist – das Risiko, wegen seiner Aufrichtigkeit zurückgewiesen zu werden. Damit aber die Beziehung in einer Ehe fester wird, ist Offenheit unabdingbar. Bisweilen wird man diese Art der Kommunikation fertigbringen, aber dann wird es auch immer wieder Zeiten geben, in denen die Verständigung hinter diesem Anspruch zurückbleibt.

Gefühle mitzuteilen ist im Ehegespräch besonders wichtig. Normalerweise fällt das Frauen weniger schwer. Frauen nehmen ihre Gefühle besser wahr und können sie direkter ausdrücken. Männer haben auch viele Gefühle, aber sie leben oft «verkopfter» und können ihre Gefühle nicht so gut spüren und definieren. Da braucht es Geduld miteinander und Verständnis füreinander.

Mein Gefühl ist mein *inneres* Leben. Es ist meine spontane *innere* Reaktion auf eine Person, eine Situation oder einen Ort. Das Gefühl ist das, was mich bewegt. In der Kommunikation müssen wir merken, ob wir Meinungen äußern – oder ob wir Gefühle ausdrücken.

- *Meinungen* drücken aus, was ich denke, wovon ich überzeugt bin, woran ich mich halte. Mit Meinungen setzt man sich in Diskussionen auseinander. Aufgrund von Meinungen lösen wir Probleme und treffen Entscheidungen.
- Wenn ich *Gefühle* ausspreche, erzähle ich von meinem innersten Empfinden. Darum spreche ich in der Ich-Form.
- Ich übernehme die Verantwortung für *meine* Gefühle und überlasse dem Partner die Verantwortung für *seine* Gefühle.

- Im Austausch von Gefühlen schenke ich ein Stück von mir selbst. Ein solcher Dialog eröffnet eine tiefe persönliche Begegnung.

Impuls für das Ehegespräch:

- Erzählen Sie sich gegenseitig, auf welcher der beschriebenen verschiedenen Gesprächsstufen Sie sich sicher bzw. unsicher fühlen.
- Fragen Sie Ihren Partner, wie er Ihr Kommunikationsverhalten beurteilt.
- Fragen Sie Ihren Partner, wo und wie Sie ihm bei seinem Kommunikationsverhalten helfen oder entgegenkommen können.

Gefühlsgespräche – Konfliktgespräche

Gefühlsgespräche sind nicht nur romantische Liebesgespräche. Auch bei Konflikt- und Streitgesprächen in der Ehe ist das Aussprechen von Gefühlen wichtig. Negative Gefühle dürfen ebenso ausgedrückt werden wie positive. Es gibt kein Zusammenleben, ohne daß man sich auch übereinander aufregt und aneinander schuldig wird. Meinungsverschiedenheiten und Mißverständnisse, Enttäuschungen und Frust lassen sich nicht vermeiden.

Negative Gefühle können uns selbst oder den Partner verletzen und zerstören, wenn wir nicht richtig damit umgehen lernen.

Denken Sie daran: Wir tragen die Verantwortung für unsere Gefühle!

Die negativen Gefühle – zum Beispiel Ängste, Wut, Enttäuschung und Trauer – ausdrücken zu lernen ist oftmals noch schwieriger, als die positiven Gefühle von Liebe und Wertschätzung zu formulieren!

Darum nehmen wir nun unsere Konfliktgespräche einmal näher unter die Lupe:

Es gibt unfaire Methoden bei Konfliktgesprächen

Bei Meinungsverschiedenheiten und Auseinandersetzungen stehen wir in der Gefahr, zu sprachlichen und gefühlsmäßigen Ausdrucksformen zu greifen, die wir im normalen Gespräch und Miteinander nie verwenden würden. Es sind Verhaltens- und Gesprächsmuster, die unfair und deshalb auch lieblos sind. Wir haben ein Repertoire davon, das wir seit frühester Kindheit gesammelt und uns angeeignet haben. Wir verwenden dabei Methoden, die wir aus unserer Herkunftsfamilie mit in unsere Ehe gebracht haben.

Einige dieser unfairen Methoden möchten wir Ihnen im folgenden kurz vorstellen. Wir unterscheiden dabei zwischen *aktiv unfair* und *passiv unfair.* Die aktiv unfairen Methoden sind ganz offensichtlich und leicht erkennbar unfair. Bei den passiv unfairen Methoden ist das Unfaire allerdings teilweise verdeckt oder kaschiert.

aktiv unfair	passiv unfair
Übertreiben Hier verwendet man gerne Ausdrücke wie «immer» und «nie». («Nie würdest du deine schmutzigen Schuhe an der Haustür ausziehen!»)	**Aufschieben** Man wagt im Gespräch dem Partner kein «Nein» zu sagen, obwohl es der eigenen Überzeugung entspräche. So verschiebt man es in die Zukunft. («Ich werde das tun …!» Aber wann?)
Schreien, Schimpfen, Fluchen Man versucht mit erhöhter Phonstärke und mit Kraftausdrücken den Argumenten des andern zu begegnen.	**Weinen, verletzt und beleidigt sein** Man fühlt sich im Gespräch unterlegen, hat keine Argumente. Also zieht man sich beleidigt zurück oder weint. («Tränen sind Wasserkraft, Weichspüler.»)
Gegenklagen Auf Vorwürfe oder Vorhaltungen des Partners versucht man, ihn zu «überbieten». («Wenn ich erst aufzählen würde, was *du* alles falsch machst …»)	**Verbündete suchen** Man versucht den andern in eine Stellung der Minorität zu drängen. («Die Kinder haben auch gesagt, daß du …»)

aktiv unfair	passiv unfair
Ironische/sarkastische Bemerkungen Das ist eine Form des Redens, die den andern lächerlich macht oder mit beißenden Worten bloßstellt.	**Flucht in Krankheit** Man weicht der Auseinandersetzung im Gespräch aus und flüchtet in eine (vorgetäuschte) Krankheit. («Jetzt habe ich wieder meine Migräne!»)
Etiketten verteilen Man ordnet den andern in «Schubladen» ein mit Worten wie: «typisch Frau» oder: «ganz wie dein Vater».	**Schweigen, sich zurückziehen** Man spürt, daß man in der Argumentation unterlegen ist, und läßt den andern einfach stehen. (Tür zuschlagen und weggehen)
Schlußredner oder Dauerredner Man überfährt den andern durch anhaltendes Reden, oder man muß immer das letzte Wort haben.	**Übernahme der Schuld** Man droht mit Selbstmord etc. («Am besten, ich werfe mich unter den Zug. Dann bist du mich los!»)

Impuls für das Ehegespräch

- Überlegen Sie bitte einmal, jeder für sich, wie das bei Ihnen ist. Sprechen Sie anschließend miteinander darüber. Die Fragestellung könnte lauten:
- Welche Streitmuster wurden in meinem Elternhaus gebraucht?
- Welche benutze ich heute in meiner Ehe und Familie?

Unfaire Streitmuster benutzen wir manchmal auch, wenn wir uns dem Partner unterlegen fühlen, weil wir uns verbal nicht so gut ausdrücken können wie der andere. Sobald die Angst da ist, sowieso nicht ernst genommen und ohnehin falsch verstanden zu werden, flieht man vor dem fairen Gespräch.

Ein faires Konfliktgespräch führen heißt:

- Einander ernst und wichtig nehmen;
- einander Respekt und Achtung entgegenbringen;
- in die Beziehung investieren;
- nicht recht haben wollen, sondern ein Stück weiter wachsen im gemeinsamen Leben.

Eine alte Äbtissin sagte jeweils zu den Schwestern im Kloster: «Laßt uns einander die Ehre der Auseinandersetzung geben.» Nicht bloßstellen, entwürdigen, sondern würdigen!

Ein Konfliktgespräch fair führen heißt:

Jeder darf seine Sicht vertreten und dem andern verständlich machen. Beide werden in ihrer Meinung und ihrem Gefühl ernst genommen. Dann suchen wir nach einer Lösung, die für beide möglich ist.

Regeln für ein faires Konfliktgespräch

1. Um Erlaubnis bitten

Der Partner, der eine Auseinandersetzung wünscht, bittet den andern um ein Konfliktgespräch (Streiterlaubnis). Er fragt, ob der andere jetzt zu einer Auseinandersetzung bereit ist. Der Partner kann in dem Augenblick ablehnen, weil er sich vielleicht emotional überfordert fühlt. Er muß aber dann einen anderen Zeitpunkt nennen, an dem er dazu bereit ist. Dieser Zeitpunkt sollte nicht um mehrere Tage hinausgeschoben werden!

2. Einigen und festlegen auf ein Thema

Es wird nur ein einziger Konfliktpunkt ausgewählt. Das Problem wird anschaulich und konkret beschrieben.

3. Argumente austauschen

- Der Betroffene trägt sein Anliegen vor, und der andere hört zunächst still zu.
- Alle Anliegen werden in der Ich-Form vorgetragen («Ich leide daran ...», «Ich empfinde ...», «Mich stört ...»), nicht als Vorwurf, Schuldzuweisung oder destruktive Kritik.
- Der zuhörende Partner meldet zurück, was er verstanden und gehört hat: «Ich habe verstanden, daß es dich ärgert, wenn ...»
- Der Betroffene bestätigt oder korrigiert.
- Erst dann soll der andere Partner *seine* Sichtweise darstellen.

- Auch da muß der Partner ihn ausreden lassen und wiederholen. So geht das Gespräch in einer fairen Weise hin und her.
- Es geht nicht darum herauszufinden, wer Schuld hat. Es geht auch nicht darum, daß es einen Sieger gibt. Das Gespräch war dann gut, wenn *beide* Sieger sind – und es ist dann schlecht verlaufen, wenn es einen Verlierer gibt.
- Bleiben Sie einander körperlich nahe, gehen Sie nicht weg, wenn es schwierig wird. Auch wenn es Tränen gibt – führen Sie die Auseinandersetzung weiter, seien Sie einfühlsam und verständnisvoll.

4. Verhandeln

Die Partner erarbeiten gemeinsam eine für beide Seiten annehmbare Lösung. Eine Lösung kann aus einem Kompromiß bestehen oder aus der Bitte um Vergebung oder aus dem Einverstandensein mit einer Veränderung oder aus einem Versprechen etc.

Es gibt nicht für jeden Konflikt eine Lösung. Viele Situationen muß man auch gemeinsam aushalten lernen. Die «Lösung» besteht zuweilen aus dem Ernstnehmen und Anerkennen, daß dies für einen der Partner oder für beide ein Problem ist und daß wir das gemeinsam tragen wollen.

5. Abschlußritual

Wenn der Konflikt gelöst ist, soll dies durch ein Abschlußritual ausgedrückt werden (zum Beispiel Handschlag, Kuß, etwas zusammen essen oder trinken).

Der Wunsch eines Partners nach Distanz muß respektiert werden.

Es wird immer wieder geschehen, daß wir einander durch Worte oder Taten verletzen. Aber wir können sagen: «Es tut mir leid. Ich habe dich verletzt, und dafür bitte ich um Vergebung. Ich möchte es in Zukunft anders machen.»

Vergebung und Liebe sind bewußte Entscheidungen, die wir treffen. Die Liebe löscht die Vergangenheit zwar nicht aus, aber sie gestaltet die Zukunft neu.

Bei der ehelichen Kommunikation müssen wir bedenken:

Es gibt eine Frauensprache und eine Männersprache

Frauen reden gerne über sich selbst, über Persönliches, über das, was sie erleben und empfinden. Sie reden über Menschen und Beziehungen in ihrem Umfeld: die Kinder, Nachbarn, Verwandte. Zu ihren Themen gehören viele kleine «Alltagsbanalitäten», zum Beispiel wen sie im Bus getroffen haben, daß Müllers nebenan in Urlaub gefahren sind, wie es der Tante Tina geht oder daß Patricks Lehrerin heute schon wieder so verweinte Augen hatte ...

Details gehören dazu, weil Frauen oft gerade beim Erzählen die Erlebnisse verarbeiten und einordnen oder auch ihre Gefühle zeigen und ausdrücken können. *Frauen* denken laut nach und beziehen den Zuhörer in den Entwicklungsprozeß ihrer Gedanken ein. Freie, offene Gespräche sind für Frauen ein wichtiges Mittel, um Nähe, Vertrautsein und Zuneigung, Verbundenheit und Freundschaft auszudrücken.

Frauen sind – so verstehen sie sich – in ein Netzwerk von zwischenmenschlichen Beziehungen eingebunden. Sie versuchen durch Gespräche dieses Netzwerk zu verstärken und zu pflegen. Gespräche schützen vor der Isolation. Gespräche geben die Sicherheit des Dazugehörens. Frauensprache ist stärker eine *Beziehungssprache,* durch die man Nähe und Verbundenheit herstellen möchte.

Männer bevorzugen eine *Berichtssprache,* die informiert und erklärt. Es fällt ihnen leichter, über Aktivitäten, über faßbare, rational begreifbare Dinge wie Sport, Auto, Arbeit, Politik oder Gemeinde zu reden. Sie sprechen zumeist in großen Zügen über das, was sie innerlich schon verarbeitet haben. Sie tun sich schwerer, Persönliches mitzuteilen oder ihre Gefühle in Worte zu fassen. Persönliches schafft Nähe, eine Nähe, in der die eigenen Schwächen oder Ängste offenbar werden könnten.

Männer möchten im Gespräch lieber «sicher» bleiben, ihren Platz behalten, d. h. ihre Unabhängigkeit bewahren. Wenn ein Mann zuviel von sich preisgibt, kann der andere, so fürchtet er, eindringen, die Schwäche ausnutzen, ihn klein machen oder gar besiegen.

Männer formulieren ihre Antwort im stillen vor, und erst dann drücken sie sie aus. Das kann aber einige Zeit dauern. – *Frauen* meinen dann oft, es sei für den Mann eine Hilfe, wenn sie ihm viele Fragen stellen und bohren. Aber das bedrängt den Mann, und er muß sich noch mehr verschanzen.

Männer bieten im Gespräch leichter Hilfe an, als daß sie um Hilfe bitten. Sie sind dort redegewandt, wo sie ihr Fachwissen einbringen können.

Viele Spannungen ergeben sich beispielsweise beim Essen, weil die Frau daran leidet, wenn ihr Mann nichts erzählt. Für den *Mann* bedeutet aber das Heimkommen meist Entspannung. Das Gespräch versteht er dagegen als Forderung nach Information: Sie will etwas von mir wissen, ich müßte sie informieren über das, was ich erlebt habe. – Das erzeugt Druck. Da verschließt sich der Mann.

Für die *Frau* bedeutet das Gespräch Verbundenheit, Anteilnahme, Ausdruck des Interesses aneinander. Im Gespräch erlebt sie die Nähe der Beziehung, das Angenommensein. Gespräch ist für sie der Kitt in den Beziehungen.

Für viele *Männer* bedeutet ein gemütliches Zuhause: Endlich bin ich frei vom Druck, mich durch Gespräche beweisen zu müssen! Ich muß keine Verhandlungen mehr führen, muß mich nicht behaupten. Endlich muß ich nicht mehr durch Reden meinen Wert beweisen, kann einfach «sein» und mich an der Anwesenheit meiner Frau und an meinen Kindern freuen.

Für *Frauen* dagegen ist gerade das Zuhause der Ort, wo sie frei und offen über alles reden können, was sie bewegt. Hier ist die Frau mit den Menschen zusammen, die ihr am nächsten stehen. Mit ihnen möchte sie austauschen, ihnen sich anvertrauen. Zu Hause möchte sie ihrem Mann durch das Gespräch nahe sein.

Diese (etwas verallgemeinernd dargestellten) Unterschiede im Kommunikationsverhalten von Mann und Frau sind wie Schlüssel, die uns zum gegenseitigen Verständnis helfen. Wenn ein Mann weiß, daß es normal ist für eine Frau, durchs Gespräch Nähe herzustellen; wenn er sich bewußt ist, daß sie durch ihre Fürsorge («Hast du ein Taschentuch eingesteckt?» – «Vergiß bitte nicht, daß du um 17 Uhr zum Arzt mußt») ihre Liebe ausdrückt, fühlt er sich nicht angegriffen und schuldig, wenn sie ihm etwas erzählen will und auch von ihm Anteilnahme erwartet. Er weiß dann, daß es zum Wesen einer Frau gehört, und er kann sich auf die Bedürfnisse seiner Frau einstellen.

Wenn eine Frau weiß, daß es normal ist für einen Mann, daß er nicht so ohne weiteres von seinem inneren Ergehen und Fühlen spricht; daß er sich zurückziehen muß, um sich seine Gedanken machen zu können; daß das Zeitunglesen seine Art von Zugehörigkeit zur Welt ist – dann fühlt sie sich nicht abgelehnt von ihm und kann sich auf seine Bedürfnisse einstellen.

Impuls für das Ehegespräch

- Welches typische geschlechtsspezifische Gesprächsverhalten gefällt Ihnen besonders bei Ihrem Partner?
- Welches ärgert oder reizt Sie? Können Sie das vorwurfsfrei formulieren?
- Entdecken Sie «Schwachstellen» in der Art Ihrer Kommunikation? Bei sich selbst? Bei Ihrem Partner? Welche? Wollen Sie sie beseitigen? Wie? Kann Ihr Partner Ihnen dabei helfen?

Die Sprachen der Liebe*

Liebe und Zuneigung sind Grundbedürfnisse jedes Menschen von Kindesbeinen an bis ins hohe Alter. Sie müssen gestillt werden, damit wir seelisch stabil und gesund werden und bleiben. Der amerikanische Kinderpsychiater Ross Campbell hat in seinem Buch *Kinder sind wie ein Spiegel* eine gute Illustration gebraucht: «Im Innern eines jeden Kindes befindet sich ein Tank für Gefühle, der mit Liebe gefüllt werden muß. Viele Verhaltensstörungen bei Kindern sind auf einen leeren Liebestank zurückzuführen.»

Dieser volle oder leere Liebestank spielt auch in unseren Ehen eine wichtige Rolle. Wir sehnen uns danach, daß der Ehepartner uns diesen Tank auffüllt, uns Liebe und Zuneigung schenkt, weil wir merken, daß eine Ehe genausowenig ohne Liebe leben kann, wie ein Auto ohne Benzin fahren kann. Der Tank muß aufgefüllt werden!

Aber wie geschieht dies?

Jeder von uns stellt sich unter dem Wort «Liebe» etwas anderes vor. Wir sprechen nicht die gleiche Liebessprache und verstehen deshalb auch nicht, wie wir einander den Liebestank auffüllen könnten.

So, wie wir alle unsere Muttersprache sprechen und eine Fremdsprache geduldig erlernen müssen, geht es auch beim Kennenlernen und Üben der Liebessprache unseres Ehepartners. Wir können uns gegenseitig nur dann etwas geben, wenn wir wissen, was der andere braucht und welche Liebessprache er versteht.

* Zum folgenden weisen wir auf das Buch *Die fünf Sprachen der Liebe* von Gary Chapman hin (Francke Ratgeber).

Die fünf wichtigsten Liebessprachen heißen:

Lob und Anerkennung

Wer diese Liebessprache spricht, wird durch anerkennende, lobende Worte aufgebaut (und baut den andern auf). Lob gibt Ermutigung und Bestätigung. Dabei sind es gerade Alltagskomplimente, durch die man einander am überzeugendsten Wertschätzung ausdrücken kann:

- «Das hast du gut gemacht!»
- «Ich schätze das so an dir, daß du dir diese halbe Stunde Zeit nimmst für die Kinder!»
- «Weißt du eigentlich, daß dir Grün sehr gut steht?»
- «Ich bin stolz auf dich!»

Wichtig ist dabei nicht zuletzt der Tonfall, die ehrliche Freundlichkeit, die dem entspricht, was wir soeben sagen.

Anerkennung können wir übrigens auch durch die Art zum Ausdruck bringen, in der wir um etwas bitten. Statt Forderungen könnten wir doch eine höfliche Bitte formulieren! «Würdest du bitte ...?» Auch Höflichkeit drückt Wertschätzung aus!

Zweisamkeit

Gemeint ist damit die Zeit, die wir einander widmen. Wenn ein Mann sich eine halbe Stunde zu seiner Frau setzt, ihr zuhört und erzählt, schenkt er ihr dreißig Minuten seines Lebens. Das sind immer einmalige, nie mehr wiederkehrende Momente, die sehr kostbar sind.

Mit gemeinsamen Unternehmungen schaffen wir uns gleichzeitig einen Schatz an gemeinsamen Erinnerungen, auf die wir später zurückgreifen können. «Weißt du noch …?»

Geschenke, die von Herzen kommen

Es gibt Menschen – auch Ehepartner! –, die erst dann glauben, daß andere sie lieben, und ihnen ihre Liebe erst dann abnehmen können, wenn sie ein Geschenk erhalten. Nicht irgendein Pflichtgeschenk, sondern etwas, von dem sie spüren, daß es mit Liebe und Einfühlungsvermögen extra für sie ausgesucht und bereitgemacht worden ist.

Dabei geht es bei diesen Geschenken nicht um den materiellen Wert. Es kann eine schöne Grußkarte sein, die wir schicken, oder ein Feldblumenstrauß, den wir mitbringen. Wichtig ist für die Menschen, deren Liebessprache das Schenken und Beschenktwerden ist, daß man an sie gedacht, sich um sie bemüht hat. Sie können den Gegenstand in die Hand nehmen und die Liebe anschauen.

Auch die Anwesenheit in schwierigen Lebenssituationen ist ein Geschenk für den Ehepartner: Ich schenke mich selbst!

Hilfsbereitschaft

Dazu zählen all die Gefälligkeiten und Dienstleistungen, die man aus Liebe für den andern tut. «Dient einander aus Liebe», sagt uns der Galaterbrief (5,13; Gute Nachricht Bibel). Das sollte in der Ehe selbstverständlich sein, ist es aber ganz und gar nicht.

Vielleicht versteht Ihre Frau diese Sprache der Liebe am besten? Dann wird sie Ihnen Ihre Liebe erst dann glauben, wenn Sie als Mann ihr tatkräftig beistehen und im Haushalt und Garten unter die Arme greifen.

Zärtlichkeiten

Zärtlichkeiten, Berührungen, Umarmungen sind für viele Menschen die Muttersprache der Liebe, die sie am besten verstehen. Berührungen mit den Händen, Küsse, Zeit zum Schmusen, sexuelle Intimität sind ein wichtiger Ausdruck der Liebe und Verbundenheit zwischen Mann und Frau.

Impuls für das Ehegespräch

Wie erkennt man seine eigene Liebessprache? Überlegen Sie:

- Wie zeigen und schenken Sie Ihrem Partner Ihre Liebe? Man gibt dem anderen meist das, was man sich selbst wünscht!
  Ich zeige meine Liebe durch ....
- Was erbitten oder ersehnen Sie sich besonders häufig von Ihrem Partner?
  Ich wünsche mir, daß ....
  ....
- Was kränkt Sie ganz besonders am Verhalten Ihres Partners? Das Gegenteil davon könnte auf Ihre Liebessprache hinweisen.
  Es kränkt mich, wenn er/sie ....
- Wie heißt meine Liebessprache?
  Ich vermute, daß ich Sprache ....
  am besten verstehe und sie brauche, damit mein Liebestank aufgefüllt wird.
- Wie heißt die Liebessprache meines Partners?
  Ich vermute, daß mein Mann/meine Frau die Sprache ....
  am besten versteht und am nötigsten braucht.

Das wäre geradezu ein kleiner Sprachkurs für Liebende!

Ein Sprachkurs erfordert Lernen und Üben, sonst bringt man's nicht über «yes» und «how are you?» hinaus. Das Gelingen hängt dabei von unserem Einsatz ab. Es kostet Anstrengung, und man muß etwas erreichen wollen.

In der Ehe, dieser intimsten Zweierschaft, macht man manchmal die erschreckende Erfahrung, daß man gar nicht kommunizieren will oder kann. Daß man einfach blockiert ist.

Man hat sich innerlich zurückgezogen, weil man sich unverstanden fühlte oder weil man abgewiesen wurde. Die Herzenstür ist zugegangen und wurde zugeschlossen mit Sätzen wie:

- «Dem sage ich nichts mehr von meinem Innersten!»
- «Sie liebt die Kinder sowieso mehr als mich!»
- «Es hat keinen Sinn zu reden, sie versteht mich sowieso nicht!»
- «Es lohnt sich gar nicht, ihm etwas von mir zu erzählen, weil es ihn nicht interessiert!»

Verletzungen, Vorwürfe, Ängste, Resignation verbarrikadieren die Herzenstür. Wenn es erst soweit ist, läuft die eheliche Kommunikation auf dem Niveau des Informationsaustausches.

Wir könnten seitenweise über Kommunikations-Methoden schreiben – wenn das Herz streikt, versagen selbst die wunderbarsten Theorien.

Das Hören und Reden in der Ehe hängt mit dem Herzen zusammen. Wie sagt der Fuchs in der Geschichte *Der Kleine Prinz* von Saint-Exupéry? «Man sieht [hört/redet] nur mit dem Herzen gut.»

Die Entscheidung zur Liebe und Hingabe an den Partner ist eine Entscheidung des Herzens.

«Ich entscheide mich, dich zu lieben» heißt: Ich öffne mein Herz für dich. Ich schenke dir mein Herz. Ob ich dir mein Herz wirklich geschenkt habe – das wird sichtbar in der Art und Weise, wie ich mit dir umgehe und auf dich eingehe. Mein Zuhören, mein Reden, mein Dich-Wahrnehmen, all das verrät meine Herzenshaltung.

Es ist erschreckend, wenn wir die Liebesunfähigkeit unseres eigenen Herzens entdecken. Mit unserer inneren Goldgrube ist es oft wirklich nicht besonders weit her!

Da ist es so befreiend zu akzeptieren: Ja, mit meiner Liebesfähigkeit und Zuneigung komme ich immer wieder an die Grenze. Mein Herz ist unbeständig. Ich kann dich nicht so lieben, wie du es bräuchtest. So bleibt uns nur die Bitte an Gott: «Komm mir mit deiner Liebe zu Hilfe! Berühre mein verletztes Herz und heile mich. Fülle mein Herz mit göttlicher Liebe.» Denn: *«Die Liebe Gottes ist ausgegossen in unsre Herzen durch den Heiligen Geist, der uns gegeben ist» (Römer 5,5; Luther).*

Unsere Liebe zueinander gründet auf dem Fundament der Liebe Gottes. Als ein von Gott geliebter Mann können Sie Ihre Frau lieben, ihr dienen, mit ihr im Dialog leben. – Als eine von Gott geliebte Frau können Sie Ihren Mann lieben, ihm dienen und mit ihm im Dialog leben – damit Ihre Ehebeziehung wachsen und blühen kann!

4

Zusammenwachsen – zusammen wachsen

Aneinander, füreinander und miteinander denken

Wir waren zu einem Festanlaß in einem christlichen Konferenzzentrum eingeladen. Beim Mittagessen saßen uns ein Mann und eine Frau gegenüber. Ihn kannten wir nur flüchtig aus früheren Jahren, sie war uns gänzlich unbekannt. Im Gespräch erfuhren wir dann, daß er inzwischen Witwer war und die Begleiterin seine «neue Freundin». Sie erzählten uns von ihren Plänen, die allerdings mit einem ernsthaften Problem verbunden waren: Eigentlich möchten sie gerne heiraten, aber beide wollen sie nicht die persönliche Freiheit aufgeben, beide wollen sie nicht die eigene Wohnung verlassen und in eine gemeinsame Wohnung ziehen. Sie haben Angst, sie könnten ihre Eigenständigkeit verlieren.

Sie möchten als Paar zusammenwachsen – und wollen es zutiefst doch nicht oder haben zumindest Angst davor.

Dem Thema «Zusammenwachsen» wenden wir uns nun zu.

Wachsen ist ein grundsätzliches Thema des Lebens, der Natur. Und es ist im übertragenen Sinne ein geistliches Thema.

Wachsen und Zusammenwachsen sind wichtige

Aspekte jeder Ehebeziehung. Nicht in jedem Fall und generell ist Zusammenwachsen jedoch richtig und gut.

Vor einiger Zeit ging weltweit durch die Medien die Geschichte des Mannes aus Australien, dem nach einem Unfall in einer komplizierten Operation Unterarm und Hand eines kurz zuvor Verstorbenen angenäht wurden. Die Hoffnung der Mediziner war da: Hoffentlich wächst das zusammen! Hoffentlich nimmt der Körper den fremden Teil an! Das wäre Zusammenwachsen in einem ganz und gar positiven Sinn.

Aber es gibt auch ein negatives Zusammenwachsen. Denken wir nur an das Phänomen der «Siamesischen Zwillinge»: Zwei eigenständige Körper sind an bestimmten Stellen zusammengewachsen und bilden nun eine unerwünschte und meist nicht lebensfähige Einheit.

Auch wenn *Zusammenwachsen in der Ehe* grundsätzlich ein wichtiges und notwendiges Thema ist, gibt es auch hier neben der positiven Seite negative Aspekte, die wir mitbedenken müssen. Man kann in falsche Abhängigkeiten voneinander geraten, die kein individuelles Wachstum mehr zulassen. In einer zu engen Eheform kann man ersticken, oder es wird ein Partner vom andern «aufgefressen» («Ich hab dich zum Fressen gern»).

Das Zusammenwachsen in der Ehe geschieht in ganz verschiedenen Bereichen. Auf manchen Gebieten läuft es fast von selbst ab, auf andern müssen wir ganz bewußt und willentlich etwas dazu beitragen.

Wir möchten im folgenden das Zusammenwachsen in zwei Hauptbereichen darstellen: im äußerlichen und im innerlichen Bereich. Wenn wir es um der Systematik willen so formal trennen, werden wir allerdings sofort merken, daß da viele Verbindungen und Vernetzungen existieren. Auch bei den göttlichen Ordnungen für die Ehe sind beide Bereiche – der äußere und der innere – angesprochen, und für beide gibt es klare Anweisungen.

1. Äußerlich zusammenwachsen

Äußerliches Zusammenwachsen beginnt am ersten Tag unserer Beziehung. Noch zaghaft und fast unbewußt. Durch alles, was von da an zwischen uns geschieht, durch alle Begegnungen, alles gemeinsame Tun und Erleben wachsen wir zusammen. Und wie Wachstum in der Natur nicht schlagartig oder wie im Zeitraffer geschieht, sondern unmerklich, so vollzieht es sich auch in der Beziehung zweier Menschen ganz allmählich. Aus Sympathie wird Zuneigung, aus Zuneigung wächst Liebe. Es kommt zum Bedürfnis, Leben zu teilen, gemeinsam zu gestalten und sich näherzukommen. Eben: zusammenzuwachsen.

Man denkt aneinander und füreinander und miteinander. Man beeinflußt sich gegenseitig, fördert einander und baut einander auf. Auch wenn man – etwa in der Zeit vor der Ehe – noch nicht endgültig beieinander lebt, erscheint einem das Zusammenwachsen als das Allererstrebenswerteste. Daß dies zugleich auch bereits etwas von Begrenzung und Einengung beinhaltet, spielt da keine Rolle. Man will das bewußt.

Das biblische Grundwort für die Ehe, das bereits im Schöpfungsbericht anklingt und das im Neuen Testament auch von Jesus ins Zentrum gestellt wird, lautet:

«Darum wird ein Mann seinen Vater und seine Mutter verlassen und seinem Weibe anhangen, und sie werden sein ein Fleisch» (Luther). Oder nach «Hoffnung für alle»: *«Darum verläßt ein Mann seine Eltern und verbindet sich so eng mit seiner Frau, daß die beiden eins sind mit Leib und Seele»* (1. Mose 2,24).

Da werden klar und eindeutig beide Aspekte des ehelichen Zusammenwachsens – die äußeren und die inneren – angesprochen, sozusagen als «Präambel der Ehe-Verfassung». Diese Weisung hat ihre Gültigkeit für alle Ehen und wird bei Beachtung und Einhaltung das Zusammenwachsen enorm fördern.

a) Wir bauen unser gemeinsames Ehehaus

Wir möchten hier ganz bewußt die äußerlichen, organisatorischen Aspekte ansprechen, die es beim Zusammenkommen und Zusammenwachsen in der Ehegemeinschaft auch gibt. Sie scheinen zwar nur eine nebensächliche Bedeutung zu haben. Es sind eben «Äußerlichkeiten». Sie sind gewiß nicht das Entscheidende und Tiefste, was es in der Ehegemeinschaft gibt. Aber es sind Faktoren, die halt doch ihren Stellenwert haben und deren Gewicht wir allzuleicht unterschätzen.

Nun ist uns bewußt, daß die Paare, die dieses Buch lesen, einen unterschiedlich langen gemeinsamen Weg hinter sich haben. Für verlobte oder frisch verheiratete Paare hat das Einrichten der gemeinsamen Wohnung einen ganz anderen Stellenwert als für Paare, die schon zehn, zwanzig oder mehr Jahre verheiratet sind. Trotzdem hat dieser Vorgang für uns alle, für unser Zusammenwachsen in der Ehe, eine größere Bedeutung, als wir das vielleicht wahrhaben wollen.

In der Verlobungszeit hat das Thema «Einrichten einer gemeinsamen Wohnung» viele Stunden, Tage und Wochen in Anspruch genommen. Man mußte so manches organisieren. Gemeinsam begab man sich auf Wohnungssuche, studierte Miet- und Kaufverträge, schaute Schaufenster an, wälzte Kataloge, streifte durch Möbelausstellungen ...

Man tauschte aus, was einem gefällt und wie man sich das «Ehehaus» vorstellt. Aber längst nicht immer ist das in dem Maße und in der Weise vor sich gegangen, daß beide ausführlich, offen und angstfrei ihre Ansichten und Wünsche äußern konnten. Manchmal haben die Umstände einen auch zu Handlungen gezwungen, die man in ihrer Tragweite gar nicht überschauen konnte. Die Auswirkungen spürte man erst später.

Das kann dann zu folgenden Sätzen führen:

- «Der Verkäufer hat uns etwas aufgeschwatzt!»
- «Aus Geldmangel haben wir eine unbefriedigende Entscheidung getroffen.»
- «Ich habe geschwiegen, weil ich den Partner nicht verärgern wollte.»
- «Er (oder sie) hat einfach die eigenen Vorstellungen durchgeboxt und keine Rücksicht auf meine Wünsche genommen.»

Diese äußeren, organisatorischen Voraussetzungen für das innere Zusammenwachsen und Einswerden dürfen wir nicht unterschätzen! Manches innere Auseinanderleben mag dort sogar seine Wurzeln haben. Daher kann es durchaus sinnvoll sein, wenn auch ein «älteres Ehepaar» diesbezüglich noch einmal über die Bücher geht und in einem offenen und ehrlichen Gespräch – vorwurfsfrei – aussprechen kann, wo sich der eine oder die andere bei diesen «Äußerlichkeiten» überfahren, verdrängt, übergangen und mißverstanden gefühlt hat.

Man kann nicht alles rückgängig machen. Aber oftmals sind noch Korrekturen möglich. Und vor allem: Man kann um Vergebung bitten und vergeben!

Besonders wichtig ist dieses Thema für Ehepaare in einer zweiten Ehe. Die Gefahr ist groß, daß man einfach in die «fertige Wohnung» des andern zieht und diesen Prozeß des Sich-gemeinsam-Einrichtens übergeht. Das kann zur Folge haben, daß sich der «ins gemachte Nest» eingeladene Partner nie recht daheim fühlt.

b) Wir suchen eine gemeinsame Lebensordnung

Wir gehen einen Schritt weiter. Eben ging es um die Frage: Mit welchen *Dingen* füllen wir unsere Räume, so daß sie unserer gemeinsamen Vorstellung entsprechen?

Nun kommt die Frage: Mit welchen *Vorstellungen* füllen wir unsere «Räume»? Anders ausgedrückt: Wie können wir unserem Miteinander eine sinnvolle Ordnung geben? Welche Spielregeln brauchen wir? Welche Rechte und Pflichten hast du, welche ich? Haben wir eine Ehe-Philosophie? Welche Werte wollen wir in unserer Ehe hochhalten und pflegen?

Das mag sehr theoretisch klingen, hat aber eine ganze Reihe praktischer Auswirkungen. Konkret heißt das nämlich, daß wir gemeinsam Wege und Lösungen finden müssen, wie wir die vielen Bereiche angehen und ausleben, in die wir als Eheleute gestellt sind.

Es geht beispielsweise um die Fragen:

- Wie organisieren wir unseren Haushalt? Wer macht was?
- Wie gestalten wir unsere Ehebeziehung? Was tun wir dafür?
- Wie wollen wir unsere Kinder erziehen? Welche Überzeugungen haben wir diesbezüglich?
- Wie leben wir als Ehepaar unsere Beziehungen in der Gesellschaft, am Wohnort, in der Gemeinde?
- Wie gehen wir mit unserem Geld um? Wie teilen wir es ein? Wer verwaltet es?
- Wer ist für was zuständig?
- Wie regeln wir unsere Freizeit, unseren Urlaub?

Impuls für das Ehegespräch

«Mit welchen Regeln spielen wir?»

- Haben Sie grundsätzliche Absprachen getroffen und Regeln aufgestellt für Ihr Ehe-Miteinander?

  ❑ Ja ❑ Nein
- Kommen Ihnen spontan zwei bis drei Spielregeln in den Sinn, die Sie miteinander abgemacht haben?

  Bewähren sich diese Spielregeln noch, oder müßten sie der Situation angepaßt und verändert werden?
- Gibt es Bereiche, in denen Sie *keine* gemeinsamen Spielregeln haben (in denen Sie also entweder gar nichts abgesprochen haben oder in denen Sie keinen Konsens gefunden haben)? Welche? Wie wollen Sie damit in Zukunft umgehen?

2. Innerlich zusammenwachsen

Das «Ehehaus» bleibt leer und unbefriedigend, wenn es nur äußerlich aufgebaut wird. Dazukommen muß der Innenausbau, die Einrichtung des Hauses. Das kann nicht nur mit Möbeln geschehen, sonst wird es eine Möbelausstellung. Das «Ehehaus» braucht *ein inneres Erfülltwerden mit Leben – Liebe – Herz!*

Es ist eine der großen Aufgaben einer Ehe, daß sich «das Herz zum Herzen findet» und eine echte, vertrauensvolle Beziehung wachsen kann, in der man sich angenommen weiß, einander zum Freund wird, Liebe schenkt und sich geliebt fühlt.

Die Vertiefung der Ehe-Intimität bleibt in jeder Ehephase ein wichtiges Thema. Es lohnt sich, darüber nachzudenken, wie es uns in dieser Beziehung geht und wie wir unsere Ehe-Intimität vertiefen könnten!

Das Leben von Mann und Frau wird in der Ehe miteinander und ineinander verwoben, es entsteht ein Beziehungsgeflecht. Man beeinflußt sich gegenseitig, reagiert aufeinander, fördert oder behindert einander, baut auf und zerstört, liebt und leidet, wird aneinander schuldig.

Wenn man sich so aufeinander einläßt, sich öffnet und zu erkennen gibt, erkennt man einander mit den hellen und dunklen Seiten, und auch die verletzten, unheilen Stellen werden sichtbar. Das macht die Ehe ja so kostbar, daß sie einen geschützten Rahmen bildet, wo ich wirklich der/die sein kann, der/die ich bin – und trotzdem angenommen und geliebt werde.

Aber die Sehnsucht nach Offenheit und gegenseitiger bedingungsloser Annahme führt auch an die Grenzen, wo man Ehe als schwer, ja manchmal sogar als unmöglich erlebt. Der Partner ist nicht nur Geschenk, Ergänzung und Bereicherung. Er ist auch Begrenzung, Bedrohung, Last.

Wenn man dies erfährt, möchte man sich am liebsten wieder aus dem Verflochtensein mit dem andern lösen und in einen eigenen Schutzraum mit dicken Mauern zurückziehen, in dem man seine Ruhe hat, sein eigenes Leben und Denken haben kann und sich nicht mehr vom anderen verletzen läßt. Manchmal ist soviel Angst voreinander da, daß das «Ehehaus» aus zwei Schutzräumen und einer gemeinsamen Küche besteht. In der Küche versorgt man sich gemeinsam mit dem, was zum (Über-) Leben nötig ist, im übrigen hält sich aber jeder in seinem Schutzraum auf.

Das große Thema des «inneren Zusammenwachsens» heißt immer wieder: *Versöhnung und Annahme durch das Kreuz.*

Durch das enge Zusammenleben mit meinem Partner wird meinem Eigenstreben etwas entgegengesetzt. Entweder ich widersetze mich dem und es wird ein ständiger Kampf gegeneinander – oder ich lasse mich ein aufs Gegenüber, lasse mich überwinden, lasse mich hineinverflechten ins Miteinander.

In diesem Prozeß wird etwas Neues wachsen, etwas Schönes und Gutes werden. Voraussetzung ist allerdings ein Leben der Versöhnung durch das Kreuz.

Das Kreuz gehört zur Ehe. Alle Befreiung und Erlösung geht übers Kreuz! Jesus ist für unsere «Eigenart», unsere sündigen Reaktionen ans Kreuz gegangen, hat dort sein Recht auf Leben, auf Eigenleben, aufgegeben, um uns auf diese Weise Versöhnung und damit neue Lebensmöglichkeiten zu schenken.

Wahrscheinlich geht es uns allen an dieser Stelle gleich: Wenn wir hören, daß wir in der Ehe Rechte aufgeben, daß wir nachgeben, uns überwinden lassen, uns versöhnen sollen – dann gehen wir gleich in Verteidigungsstellung. Solche Forderungen und Appelle machen uns angst. Wir fürchten, Schwäche zu zeigen, selbst zu kurz zu kommen, als Verlierer dazustehen:

- Wenn ich die Position der Selbstbehauptung verlasse, könnte man mich mißbrauchen, ja zerstören.
- Wenn ich mich entschuldige, begebe ich mich in die schwächere Position, denn der andere kann mir die Schuld zuschieben.
- Wenn ich aufhöre, mich und mein Verhalten zu rechtfertigen, könnte der andere meinen, er sei im Recht, ich im Unrecht.

Es ist leider tatsächlich so, daß Ehepartner einander seelisch töten können. Daß ein Partner die Persönlichkeit des andern so entwerten und zerstören kann, daß sich dieser nie entfalten und nie so werden kann, wie Gott ihn gemeint hat. Daß er nie das Leben ausleben kann, zu dem Gott ihn berufen hat. Eheleute, die so miteinander umgehen, werden schuldig aneinander.

Aber wenn wir hier von Versöhnung, vom Aufgeben von Rechten und vom Nachgeben sprechen, haben wir ja Ehepartner im Blick, die sich Gott anvertrauen und sich dann auch einander anvertrauen wollen. Und die daran glauben, daß beide es gut miteinander meinen, daß beide den gleichen Weg und das gleiche Ziel vor Augen haben.

In Epheser 5,21 steht das Wort: *«Ordnet euch einander unter; so ehrt ihr Christus.»*

Christus gegenüber geben wir unsere Selbstbehauptung und Selbstrechtfertigung auf und vertrauen uns ihm an. Wir glauben daran, daß sein Wille besser ist als unsere eigenen Lebensentwürfe. Und so, wie wir das bei Jesus lernen, üben wir es dann auch mit dem Partner ein. Wir überwinden die Angst vor dem Verletztwerden und vertrauen uns dem Partner an.

Es wird allerdings Situationen geben, wo wir trotzdem wieder verletzt und enttäuscht werden – aber wir entscheiden uns zum Vergeben, wir bleiben bei der Entscheidung zum Vertrauen. Wir verlassen damit die Schutzbunker und geben dem Miteinander, dem gemeinsamen Leben, mehr Raum.

Unsere selbstgebauten Schutzmauern, hinter die wir uns zurückziehen, bestehen oft aus *Abgrenzungs- und Festlegungssätzen* wie:

«Bis hierher und nicht weiter»;
«Mit mir nicht mehr»;
«Dir sage ich nichts mehr»;
«Ich frage dich nicht mehr, du sagst ja sowieso immer nein»;
«Es hat keinen Wert, du willst sowieso nicht»;
«Sobald die Kinder groß sind, steige ich aus».

Solche Sätze müssen bewußt zurückgenommen, entmachtet werden, indem man sie vor Gott bekennt und um Vergebung bittet. Die folgende Aufstellung bietet Schritte an, die wir dabei gehen können:

Ich gebe das Recht auf …	**Ich will neu lernen …**
… mich mit meiner Sicht durchzusetzen.	… zu verstehen, was du meinst und möchtest.
… mich besser zu finden als dich.	… daß wir beide gute und schlechte Seiten sowie Stärken und Schwächen haben.
… die/der Liebere (Angenehmere, Umgänglichere) zu sein als du.	… zu überprüfen, ob ich dich in die Rolle des «Bösen» (Grenzenziehers, Neinsagers, Polizisten) gedrängt habe, weil ich die/der Liebe und Gute sein wollte.
… mich zurückzuziehen, wenn Probleme auftauchen.	… mich dir und den Konflikten zu stellen, mir Zeit zu nehmen, um sie mit dir zusammen anzuschauen und nach Lösungen und Verständnis füreinander zu suchen.
… beleidigt zu sein und schlechte Laune zu haben.	… Ungereimtheiten nicht gleich persönlich zu nehmen und «einzuschnappen», um dir damit ein schlechtes

	Gewissen zu machen. Ich will großzügig werden.
… mich dir durch fadenscheinige Ausreden zu verweigern.	… dir offen und ehrlich zu begegnen; dir zu sagen, was ich empfinde und wie's mir geht. Ich will auch offen bleiben für deine Bedürfnisse und Wünsche.
… dich umerziehen und verändern zu wollen.	… dich zu akzeptieren und zu respektieren in deinem Anderssein. Es gibt Dinge und Reaktionen, die mich an dir stören; die will ich ansprechen, aber ohne Vorhaltungen.
… dich in meine Vorstellungen, Ideale und Erwartungen zu pressen.	… ein ganzes «Ja» zu deinem Leben zu sagen, damit du leben und dich entfalten kannst. Du mußt nicht meinem Idealbild entsprechen, sondern sollst in das Bild hineinwachsen, das Gott von dir hat.

Wir können diese veränderte Einstellung nicht voneinander einfordern. Wir müssen uns von Gottes Liebe überwinden lassen, nur dann können wir einander freiwillig und aus innerster Überzeugung diese neue Haltung entgegenbringen.

Liebe leben braucht sehr viel Mut und auch innere Festigkeit. Voraussetzung ist die innere Entscheidung, den Impulsen des Heiligen Geistes zu folgen und dann nicht mehr nur natürlich, menschlich aufeinander zu reagieren, sondern geistlich.

Zusammen reifen

Es gehört zu unserem Menschsein, daß wir uns verändern müssen, wenn wir wachsen und reifen wollen.

Haben Sie das auch schon erlebt? Da treffen Sie unerwartet einen Menschen, den Sie schon lange nicht mehr gesehen haben – vielleicht seit Jahren nicht. Und dann sagt der zu Ihnen: «Mensch, du hast dich überhaupt nicht verändert!» Freuen Sie sich darüber?

Meistens will der Betreffende, der so etwas sagt, ein Kompliment machen: «Du bist immer noch gleich attraktiv. Du bist jugendlich geblieben.»

Aber die Aussage: «Du hast dich seit Jahren überhaupt nicht verändert» ist durchaus zweischneidig. Sie kann ja auch bedeuten: «Du bist irgendwo stehengeblieben, steckengeblieben. Bei dir hat es kein Wachstum, keine positive Veränderung gegeben. Du bist immer noch so unreif wie früher.» Das ist allerdings kein Kompliment!

In seinen «Kalendergeschichten» erzählt Bertolt Brecht vom Herrn K. Der begegnet eines Tages einem alten Bekannten, der ihn freudig begrüßt: «Sie haben sich überhaupt nicht verändert!» – «Oh!» sagt Herr K. Und erbleicht. In Jahren überhaupt nicht verändert – das hat er nicht als positive Aussage verstanden.

Es ist die Zielsetzung und Vorgabe für jeden Menschen, daß er in seiner Persönlichkeit wachsen und reifen soll. Und was für den einzelnen gilt, das trifft auch für die Ehe zu. Wachstum kann durch verschiedene Faktoren ausgelöst und angeregt werden. Es gibt Ehe-Wachstums-Phasen, in denen dieser Prozeß besonders intensiv und erkennbar abläuft.

Wir machen ja alle – von der Geburt bis zu unserem Lebensende – Entwicklungsphasen durch. Die Entwicklungsstadien sind schöpfungsmäßig vorgegeben. Aber wir vollziehen die Entwicklungsschritte nicht automatisch. Jeder Mensch antwortet mit seinem Temperament und Wesen, mit seinem ihm eigenen Lebensrhythmus auf diese Aufgaben.

Das ist auch im Miteinander der Ehe so. Und das bringt natürlich Spannungen mit sich, Anpassungsarbeit! Wenn wir die Entwicklungsaufgaben und diese Anpassungsarbeit nicht leisten, kommt es zu Entwicklungskrisen und zu Ehekrisen.

Es ist nicht damit getan, daß wir einmal unser «Ehehaus» gebaut haben. Dieses Haus benötigt auch Unterhalt und Pflege, es braucht Renovierungsarbeit, Um-, An- und Ausbau. Wir müssen uns ständig anpassen an neue Gegebenheiten, an die veränderte Situation.

Das ist der Wachstumsprozeß, den wir – jeder für sich und gemeinsam als Paar – durchlaufen müssen.

Tauschen Sie als Ehepaar darüber aus:

Welches der folgenden Zitate entspricht am meisten Ihrer persönlichen Meinung?
Welches Zitat lehnen Sie ab? Warum?

- *«Die Ehe ist keine Zeremonie, sie ist eine Schöpfung. Drängt nicht zu sehr! Betet um Geduld! Gebt jeder dem andern die Möglichkeit zum Wachsen!» Charlie Shedd*
- *«Die Ehe muß unablässig ein Ungeheuer bekämpfen, das alles verschlingt: die Gewohnheit.» Honoré de Balzac*
- *«Ich glaube nicht, daß zwei Menschenkinder auf Erden in der Ehe glücklich zusammenleben können, wenn sie nicht beide mehr oder weniger sich ändern.» Jeremias Gotthelf*
- *«Ehe ist ein nie endendes Gespräch über die Themen: danke – bitte – vergib – was wollen wir tun.»*
- *«Heiraten heißt: seine Pflichten verdoppeln und seine Rechte halbieren.» Arthur Schopenhauer*
- *«Ehe ist nie ein Letztes, sondern Gelegenheit zum Reifwerden.» Goethe*
- *«Beziehungen leben vom Ja und Nein.»*
- *«Die Ehe ist die Prosaübersetzung eines Liebesgedichtes.» Bongeard*
- *«Probleme sind Entwicklungshelfer. Sie heißen deshalb PRO-bleme und nicht CONTRA-bleme.»*
- *«Ziel der Auseinandersetzung ist das Lernen – nicht das Gewinnen.»*
- *«Aufgestaute Gefühle und ungesagte Worte werden giftig.»*

Wir möchten im folgenden einige Wachstumsphasen in der Ehe betrachten. Für manche Ehepaare mögen die ersten zwei bis drei Phasen bereits länger zurückliegen. Andere befinden sich mittendrin. Achten Sie besonders auf die Phase, in der Sie jetzt gerade sind.

1. Die Phase der Intimitätsbildung

Das ist die Zeit vom Beginn unserer Beziehung bis ca. Ende des ersten Ehejahres. Zwar bleibt die Intimitätsbildung eine lebenslange Aufgabe, aber sie hat ihren Schwerpunkt in dieser ersten Zeit. Statt Intimitätsbildung könnten wir auch das Wort aus unserer Kapitelüberschrift wählen: *Zusammenwachsen.* Aus zwei Individuen wird eine Eheperson, aus dem ICH und dem DU wird das WIR. Das ist eine Phase und Aufgabe, an die wir im allgemeinen gerne und mit Hingabe herangehen. Alles in uns drängt ja nach dem DU, zielt auf das WIR.

Trotzdem muß man diese Aufgabe bewußt anpacken. Es geschieht vor allem durch intensive Gespräche, in denen man dem Partner von sich, seiner Vergangenheit, seinem Umfeld, seinen Wünschen und Vorstellungen erzählt. Allerdings neigt man in dieser Zeit noch dazu, ein «vergoldetes Bild» zu malen. Man zeigt sich von «der besten Seite». In dieser Phase läuft man Gefahr, die überhöhten Erwartungen und Vorstellungen des andern noch zu nähren.

Eine weitere Gefahr dieser Zeit besteht darin, daß man alles andere und alle anderen aus den Augen verliert. Man hat keinen Blick mehr für das «Um-uns-Herum». Uns scheint allerdings, daß heute die gegenteilige Gefahr noch größer ist: daß man sich nicht mehr genug Zeit für die Intimitätsbildung nimmt, weil die Arbeitswelt und das gesellschaftliche und gemeindliche Umfeld höchste Aufmerksamkeit verlangen.

2. Die Phase der Enttäuschung und des Machtkampfes

Diese Phase erlebt man oftmals wie «eine kalte Dusche». Während man in der ersten Phase meist sehr bemüht war, dem andern alle Wünsche von den Augen abzulesen, gegebenenfalls zugunsten des andern zu verzichten, bricht jetzt wieder die Selbstbehauptung durch. Zunächst ist dies eine verständliche Reaktion, ein Pendelschlag in die andere Richtung. Die Intimitätsphase kann ja in Richtung «Selbstaufgabe zugunsten des andern» gehen. Nun muß man auch wieder «für sich selbst sorgen».

Dazu kommt: Das rosarote oder vergoldete Bild, das man sich vom andern gemacht hat, zerbricht. Das Gegenüber ist gar nicht die Superfrau oder der Supermann, wie man gemeint hatte. Wir haben alle überhöhte Vorstellungen vom Partner und Erwartungen an den Partner. Nun zeigt sich die Realität im Ehealltag. Man ist enttäuscht. Der Partner hat einen enttäuscht.

Ein Kernsatz dieser Phase lautet: *Der Punkt, an dem früher die größte Anziehung herrschte, wird nun zum größten Konfliktpunkt!*

Es kommt zu Machtkämpfen. Konkret äußern sie sich in vielen Kleinigkeiten. Wer bestimmt, wie es bei uns läuft? Wie gestalten wir unser Miteinander? Wie gestalten wir unsere Beziehungen zu Freunden, Verwandten etc.? Welche Meinung kommt zum Tragen? Wer muß nachgeben, wer setzt sich durch?

Die große Aufgabe dieser Phase lautet: Projektionen zurücknehmen, Kompromisse suchen und schließen, partnerschaftliches Verhalten einüben!

Ob und inwieweit uns das gelingt ist ein Gradmesser dafür, ob wir in unserer Beziehung schon gereift und gewachsen sind und was noch an Wachstum im Miteinander nötig ist.

3. Die Phase der Übernahme von Verantwortung

Zunächst eine Zwischenbemerkung: Die Aufgaben in den verschiedenen Phasen beschränken sich natürlich nicht auf die betreffenden Entwicklungsstadien. Es sind und bleiben Aufgaben, die uns lebenslang begleiten. Sie sind nur in der jeweiligen Periode von besonderem Gewicht und spezieller Bedeutung. Das gilt auch für die Aufgabe in dieser dritten Phase: «Übernahme von Verantwortung».

Verantwortung in irgendeiner Form tragen wir zu allen Zeiten unseres Lebens. Je nach Lebenssituation sieht diese Verantwortung anders aus und kommt uns leichter oder schwerer vor. Wenn wir in eine verbindliche Beziehung eintreten, weitet sich unsere Verantwortung auch auf den Partner aus. Früher war es weitgehend so, daß der Mann nun die Verantwortung für seine Frau übernehmen mußte – zumindest was die Frage der materiellen Versorgung betraf. Heute, im Zeitalter der Gleichberechtigung, hat sich das verändert – auch rechtlich.

So oder so aber übernehmen wir in einer Beziehung gegenseitig Verantwortung. Wir spüren etwas vom Ernst des Lebens, merken, daß wir auch in der

Gesellschaft, in der wir leben, Verantwortung übernehmen müssen. Durch unsere Beziehungsbindung kommen wir – fast unbemerkt – in eine tiefere Haltung der Verbindlichkeit.

Dieses bewußte Einsteigen in die Verantwortung – nun speziell in der Ehebeziehung – wird uns noch einmal verstärkt bewußt, wenn uns dann Kinder geschenkt werden. Die Übernahme von Verantwortung als Mann – zunächst für die Frau, dann für die Kinder – bewirkt normalerweise eine Festigung und Reifung unseres Charakters (und für die Frau gilt selbstverständlich das Entsprechende). Bewußte Übernahme von Verantwortung bedeutet immer Wachstum und Reife!

Verantwortung zu übernehmen empfinden wir nicht nur als angenehm. Es kann auch Druck und Ängste auslösen. Es kann dazu führen, daß wir uns der Verantwortung wieder entziehen wollen.

Wenn das ausnahmsweise einmal geschieht, ist das noch verständlich. Wenn es oft oder fast generell geschieht, führt es zu Spannungen und Problemen in der Ehe und hemmt das Wachstum. Übernahme von Verantwortung ist und bleibt eine große Aufgabe!

4. Die Auf- und Ausbauphase des Familienlebens

Diese Phase läuft fast parallel mit der vorherigen – oder überschneidet sich zumindest stark damit. Der Eintritt in den Ehestand und die folgende Gründung einer Familie macht uns zum «Unternehmer». Unsere «Familienfirma» verlangt Organisation und Management, kostet Einsatz und Planung, fordert Investitionen.

Es wird ja schon rein äußerlich ein «Firmenwachstum» sichtbar. Zunächst sind wir Alleinunternehmer. Dann steigt ein Kompagnon mit ein, und bald kommen sozusagen noch Mitarbeiter (oder Lehrlinge) dazu. Das bringt nicht nur mehr Verantwortung, sondern auch mehr Arbeit, es benötigt mehr Raum. Das alles zunächst im übertragenen, bildhaften Sinn, dann aber auch ganz praktisch.

Im Geschäfts- und Wirtschaftsleben ist das ein Vorgang, den ein Unternehmer als Herausforderung ansieht und über den er sich freut. Im Familien-Unternehmen läuft das nicht automatisch auch so. Da ist die Gefahr größer, daß ein «Chef» sich zurückzieht und die Herausforderung dem «Kompagnon» überläßt. Viele Frauen können davon ein trauriges Lied singen.

Die Phasen drei und vier verlangen von beiden Ehepartnern – vom Mann und der Frau – ganzen Einsatz, wenn die «Firma nicht Pleite machen soll».

In der Praxis werden Mann und Frau in dieser Phase meist unterschiedliche Schwerpunkte haben und in verschiedenen Bereichen tätig und zuständig sein (zum Beispiel der Mann im Beruf und der Existenzsicherung, die Frau in der Familienführung und Kindererziehung). Wachstum und Reife im Leben der Ehepartner werden sich darin erweisen, ob sie sich für die Verantwortungsbereiche des anderen interessieren, sich gegenseitig in ihren Ressorts unterstützen, einander ermutigen und danken und das «kooperative Familienunternehmen» als ganzes im Auge haben. Streit entzündet sich immer dort, wo ein Partner dem andern das Interesse und die Unterstützung verweigert.

Für kinderlose Ehepaare stellt sich gerade in dieser Lebensphase stark die Sinnfrage. Für wen sind wir da? Welche Aufgabe hat unser gemeinsames Leben?

5. Die Phase der Neuorientierung in der Lebensmitte

Alle Ehe-Wachstums-Phasen haben ihre eigene spezielle Bedeutung und Wichtigkeit. Man kann da schlecht Gewichtungen vornehmen. Allerdings ist für das gemeinsame Wachsen in der Beziehung die Phase der Neuorientierung in der Lebensmitte von besonderer Bedeutung. Genauer gesagt: Spätestens jetzt wird es sich zeigen, ob unser eheliches Miteinander ein Miteinander des Wachsens war oder letztlich nur ein mehr oder weniger gutes und schönes Nebeneinander. Wenn es nur ein *Nebeneinanderleben* war, kommt es dann hier in dieser Phase oftmals zum *Auseinanderleben.*

Die vierte Phase des Auf- und Ausbaus ist meist eine so intensive und arbeitsreiche Zeit, daß man gar nicht merkt, wie man sich dabei als Ehepaar innerlich entfremdet hat. Man gewöhnt sich daran, daß jeder seinen eigenen Part spielt. In der Lebensmitte taucht plötzlich die Frage auf: Warum soll ich noch in der Beziehung bleiben, wenn unsere Gemeinsamkeit auf ein Minimum oder gar auf Null gesunken ist?

So oder so kommt es in der Lebensmitte zu einer Neuorientierung. Ausgelöst wird sie durch folgende Faktoren:

Die Frau, die sich jahrelang ganz der Familie, vor allem den Kindern, gewidmet hat und vielleicht aus Zeitgründen und Überlastung weitgehend auf die

Ausübung ihres Berufs und ein Engagement in Gesellschaft und Gemeinde verzichtet hat, wird nun durch den Auszug der Kinder wieder freier. Sie hat nun «neue Kapazitäten» frei.

Dazu kommt, daß die Frau in der Lebensmitte durch physische und psychische Veränderungen geht und der Faktor «Veränderung» überhaupt eine ganz große Rolle zu spielen beginnt. Sie startet durch zu neuen Lebensmöglichkeiten! Für viele Frauen beginnt mit der Lebensmitte noch einmal neu die Chance des Lebens.

Der Mann macht eine fast entgegengesetzte Entwicklung durch. Er hat viel erreicht im Beruf. Er hat seine berufliche Karriere auf- und ausbauen können. Nun spürt er, daß die «Leiter nicht mehr viele Sprossen nach oben» hat. Außerdem entwickeln viele Männer nun erstmals – oder zumindest in stärkerem Maße – ein Gespür für den Wert und Sinn von Beziehungen, vor allem die Beziehungen innerhalb der Familie, zu Frau und Kindern.

Männer bewegen sich in dieser Zeitspanne also mehrheitlich auf die Familie zu, während die Frauen ausgerechnet jetzt die Schwelle aus dem engen Raum der Familie hinaus überschreiten möchten. Beide Bewegungen – die der Frau und die des Mannes – sind nicht falsch. Es sind Vorgänge, die zu dieser Phase gehören.

Wenn in den vorangegangenen Phasen beide Ehepartner Wachstumsschritte miteinander und zueinander gemacht haben, können diese veränderten Bedürfnisse durchaus sinnvoll und gut sein und der Beziehung eine neue Dimension geben. Es kann neue Farbe in das Miteinander kommen.

Aber es müssen Schritte sein, die vom Partner verstanden, bejaht und unterstützt werden. Dann wird diese Phase der Neuorientierung zu einem Reichtum für die Ehebeziehung!

6. Die Phase des Loslassens, des Versöhntwerdens und Versöhntseins

Manche Ehepaare meinen, mit dem Erreichen der Phase der Neuorientierung in der Lebensmitte hätten sie den Höhepunkt des Lebens überschritten. Sie haben den Eindruck: «So, das war's. Von nun an geht's bergab.» Das ist eine eher negative Sicht des Lebens. Diese sechste Phase, die zweite Lebens«hälfte», kann noch recht lange dauern. Angesichts unserer heutigen Lebenserwartung könnte sie die längste aller unserer Lebensphasen sein.

Grundsätzlich gilt bei allen Phasen: Wenn wir die jeweils anstehenden Aufgaben angepackt und gelöst haben, ist das die beste Voraussetzung für einen guten Weiterverlauf in der nächsten Phase. All den Dingen, denen wir ausgewichen sind, werden wir irgendwann wieder begegnen. Kneifen ist «Vogel-Strauß-Politik». Ausweichmanöver sind «Wachstumshemmer».

Die letzte Phase, die sich an die Phase der Lebensmitte anschließt, bringt eine ganz besondere Herausforderung. Bei allem guten Wollen und Meinen läuft im persönlichen Leben und auch in der Ehe nicht alles wie am Schnürchen. Es gibt Versagen und Niederlagen, es gibt Verzicht und Entbehrung. Oftmals mußte man sich mit dem «Zweitbesten» zufriedengeben. Wir haben nicht alles erreicht, was wir erreichen wollten. Wir haben nicht immer das erhalten, was wir uns gewünscht haben. Wir haben in unserem Miteinander in der Ehe nicht alle Ideale und Träume verwirklichen können.

Das kann zu Enttäuschung und Resignation führen. Es kann Trauer und Schmerz auslösen. Es kann zu massiven Vorwürfen und Vorhaltungen führen – gegenüber dem Partner, dem Leben, Gott. Diese Haltung aber macht hart und bitter.

Die Aufgabe dieser letzten Phase besteht nun darin, daß wir uns im Loslassen üben. Im Loslassen von Träumen und Erwartungen, von Wunschvorstellungen und Forderungen. Auch im Loslassen von Enttäuschungen. Das Loslassen von Menschen gehört ebenfalls dazu. Loszulassen, was wir nicht festhalten können, und uns an dem festzuhalten, der uns nicht loslassen wird: das wäre, das ist ein gewaltiger Wachstumsschritt!

Und schließlich gilt es, sich mit dem Nicht-Gewordenen zu versöhnen, sich zu versöhnen mit dem noch Offenen, mit dem, was nicht (*noch* nicht?) Erfüllung gefunden hat. Es gilt, sich mit Menschen und mit Gott zu versöhnen. Dazu gehört auch, sich mit dem Partner zu versöhnen und mit all dem, was er/sie nicht erbracht hat. Wer das Unvollkommene, auch das Unfertige einer Ehebeziehung loslassen und damit annehmen kann, hat längst den Weg des Versöhnt*seins* beschritten. Da ist Wachstum, Reife geschehen!

Wachstumsphasen in der Ehe

1. **Die Phase der Intimitätsbildung**
2. **Die Phase der Enttäuschung und des Machtkampfes**
3. **Die Phase der Übernahme von Verantwortung**
4. **Die Auf- und Ausbauphase des Familienlebens**
5. **Die Phase der Neuorientierung in der Lebensmitte**
6. **Die Phase des Loslassens, des Versöhntwerdens und Versöhntseins.**

Fragen:

- In welcher der sechs Phasen befinden Sie sich jetzt als Ehepaar?
- Wie beurteilen Sie Ihr Verhalten in dieser Phase?
- Was würden Sie als Wachstum bezeichnen?
- Wo stellen Sie noch Defizite fest?
- Welche der bereits durchlaufenen Phasen haben Sie am besten erlebt? Welche am schlechtesten?
- Welche Erkenntnis haben Sie neu gewonnen, welchen Vorsatz wollen Sie fassen?

Zusatzfrage für kinderlose Ehepaare oder Paare in einer Zweitehe:

- Welche Aspekte sind für Sie anders? Welche Probleme hat das für Ihre Beziehung ergeben?

Zusammen wachsen – sich Ziele setzen

Solange beide Ehepartner die Herausforderungen des Lebens annehmen und gemeinsam wachsen, ist das schön und gut. Schwierig wird's dort, wo ein Partner stehenbleibt und keine Veränderung zuläßt.

Veränderungen bedingen neue Absprachen und Regelungen, und das kann Ängste mit sich bringen. Im alten Trott wußte man, wie's geht und läuft. Wenn sich aber ein Partner verändert, fordert das den andern zur Anpassung heraus. Diese wird aber oft verweigert durch trotziges Verharren im alten Lebensmuster, durch Drohungen, Druck und Kontrolle.

Ewald war lange Zeit der Tonangebende. Kathrin lebte in seinem Schatten und war froh und zufrieden, daß er über alles Bescheid wußte und alles im Griff hatte. Dann entdeckte Kathrin ihre eigenen Gaben und Fähigkeiten. Sie lernte Auto fahren, interessierte sich für eine Seelsorgeausbildung, engagierte sich in der Gemeinde und war plötzlich eine gefragte und beliebte Frau. Ewald konnte das fast nicht verkraften. Mit viel Kritik, ja sogar mit Scheidungsdrohungen versuchte er sie wieder in die alte Rolle zurückzudrängen.

Einseitiges Wachstum kann Ehekrisen auslösen. Das stellt man auch bei beruflichen Weiterbildungen fest. Es ist eine echte Kunst, einander «mitzunehmen» und am Wachstumsprozeß Anteil zu geben – und es gelingt nicht immer. Manchmal muß man lange und geduldig aufeinander warten und ausharren in einem Spannungsfeld, das durch die Entwicklung und Veränderung eines Partners in die Ehe gekommen ist.

Das gilt auch für die gegenteilige Entwicklung: wenn sich bei einem Partner krankheitsbedingte Veränderungen ergeben, die den Lebensrahmen verengen und verkleinern.

Ganz besondere Beachtung müssen wir dem Thema «Geistliches Wachstum in der Ehe» schenken, auf das wir in einem späteren Kapitel noch ausführlicher eingehen werden. Wir können in unserem Glauben an den lebendigen Gott nicht im Anfangsstadium verharren. Gott lädt uns ein zum Wachsen und Zunehmen in der Erkenntnis des Glaubens, in der Liebe, im Gehorsam. In 1. Johannes 2 beschreibt Johannes die Glaubensreifung in den Phasen Kinder – Jünglinge – Väter. Paulus spricht in einem verwandten Bild davon, daß Christen sich in ihrem Glauben weiterentwickeln sollen: Sie sollen nicht ein Glaubensleben lang auf Milch und Säuglingsnahrung angewiesen bleiben, sondern es lernen, feste Nahrung zu kauen und zu verdauen.

Das sind sensible Themen in einer Ehe! Es ist überaus wichtig, daß wir ohne Vorwürfe und Druck liebe- und verständnisvoll miteinander reden, einander fragen und zuhören, einander Freiheit und Freiraum geben zu persönlichen Gotteserfahrungen. Und dann kommt es darauf an, bei aller Individualität des Glaubens und der Erfahrungen mit Gott dennoch *gemeinsam* unterwegs zu bleiben in der Nachfolge Jesu, einander zu unterstützen und voneinander zu lernen.

Gemeinsames Gebet kann ein «heißes Eisen» sein in einer Ehe. Man hat unter Umständen negative Erfahrungen gemacht und einander verletzt. Nun weicht man diesem Thema nach Möglichkeit aus und rührt es nie mehr an. Dabei könnte hier durch die Bitte um Vergebung ein neuer, besserer Start möglich werden. Die Frage: «Bist du bereit, mit mir nochmals dieses Thema aufzugreifen?» würde sich lohnen. Aber immer mit der Bereitschaft, auch ein «Nein» zu akzeptieren und zu respektieren, ohne beleidigt zu sein.

Impuls für das Ehegespräch

- Wünsche und Ziele für die Zukunft formulieren.

- Zusammen wachsen heißt auch: miteinander über die Zukunft sprechen und sich (Ehe)Ziele setzen!

- Wünsche können gemeinsam besprochen werden. Wenn beide davon überzeugt sind, kann man sie in Ziele umformulieren und an der Realisierung arbeiten, sie planen und darauf zugehen.

Frage: Welche Wünsche und Ziele kommen Ihnen spontan in den Sinn, wenn Sie sich Ihre Ehe in fünf Jahren vorstellen?
(Das kann alle Lebensbereiche umfassen: Freizeit, Ferien, Haus, Garten, Beruf, Gemeinde, geistliches Leben, Kinder, Freunde …)

5

Veränderungen der Midlife-Ehe

Flucht in die Gemeinde –
Flucht aus der Gemeinde

«Da sitzen sie, als ob sie kein Wässerlein trüben könnten.» Das ist unser erster Gedanke, als uns die Eheleute in der Beratung gegenübersitzen. Sie haben sich mit der Bemerkung bei uns angemeldet, daß sie «gravierende Eheprobleme» hätten. Ein Blick auf das Blatt mit den persönlichen Daten, das sie uns mitgebracht haben, informiert uns: 21 Jahre verheiratet, drei Kinder im jugendlichen Alter, Glieder einer christlichen Gemeinde. Ein Ehepaar in der Lebensmitte.

Wir laden sie ein, uns etwas von dem zu erzählen, was sie bewegt und zu uns in die Beratung geführt hat. Sie schauen sich an, nicken mit dem Kopf – von unten nach oben – und fordern sich gegenseitig auf: «Fang du an!»

Sie beginnt: «Eigentlich haben wir es gut miteinander. Wir lieben uns. Wir sind auch schon lange bewußte Christen. Trotzdem kommt es immer wieder zu Spannungen und Auseinandersetzungen. Er» – sie blickt zu ihrem Mann – «kümmert sich aber zu wenig um die Familie. Alles hängt an mir. Und die Kinder in ihrem Alter sind so richtig im Saft. Die bräuchten den Vater. Er müßte halt auch mal ein Machtwort sprechen. Aber das überläßt er alles mir.

In der Familie ist er völlig passiv. Doch in der Gemeinde – da ist er der Hirsch! Er ist in der Gemeindeleitung, bläst im Posaunenchor und singt im gemischten Chor. Er leitet die Baukommission – wissen Sie, wir bauen ein neues Gemeindezentrum –, und am Samstag ist er den ganzen Tag auch noch auf dem Bau. ‹Das reduziert die Baukosten›, sagt er. Aber Sie werden sehen: Wenn das Zentrum fertig ist, macht er sicherlich auch noch den Hausmeister!»

Im Laufe des Gesprächs zeigt es sich, daß ihr Miteinander in der Ehe nicht so gut und störungsfrei ist, wie sie das zunächst dargestellt haben (von den «gravierenden Eheproblemen», die sie bei der Anmeldung erwähnt haben, ist zunächst überhaupt nicht mehr die Rede gewesen). Das eigentliche Problem ist nicht sein Engagement in der Gemeinde. Nein, seine Aktivitäten in der Gemeinde haben ihm die willkommene Fluchtmöglichkeit aus einer unbefriedigenden und unbefriedigten Ehesituation geboten.

Nun aber sind sie beide bereit, die Problematik aufzugreifen und anzugehen …

Wenige Minuten, nachdem sie gegangen waren, kam ein anderes Paar in die Beratung. Auch sie waren offensichtlich ein Ehepaar in der Lebensmitte. Sie setzten sich in je eine Ecke des Sofas. Die Frau stellte ihre Handtasche dazwischen, er legte seine dicke Agenda dazu. Das ergab den für beide wohl nötigen Abstand.

Ein Blick genügte: Sie war gesprächsbereit, er eher etwas zugeknöpft. So war zweifelsfrei klar, wer die Sachlage schildern würde.

«Wir haben uns bei einem missionarischen Einsatz

auf einem Schiff kennengelernt», begann sie zu erzählen. «Wir waren beide gläubig und brannten für die Sache Jesu. Wieder zu Hause, verlobten wir uns bald. Ein Jahr später heirateten wir. Es war für uns beide selbstverständlich, zu einer christlichen Gemeinde zu gehören. Aber zu welcher? Wir kamen aus einem ganz unterschiedlichen christlichen Hintergrund. Da meine Gemeinde näher lag, schlossen wir uns dieser an. Mein Mann hat das damals voll bejaht, obwohl er inzwischen etwas anderes behauptet. Seit einiger Zeit will er nun einfach nicht mehr mitkommen. Er hat sich vom Glauben abgewandt und ist ganz kritisch geworden.»

Hier unterbrach der Mann sein Schweigen und sagte knapp und bestimmt: «Ich habe mich nicht vom Glauben abgewandt – nur von der Gemeinde zurückgezogen!»

«Das ist fast das gleiche für mich!» erwiderte seine Frau.

Es gelang uns, den Mann aus der Reserve zu locken. Auch er sollte seine Sicht darlegen können. Und das tat er dann auch: Die Gemeinde sei ihm zu eng, zu gesetzlich, zu bestimmend und zu klischeehaft. Wehe, wenn man dort die Formen und Strukturen in Frage stelle.

«Du kannst es ruhig sagen, was du mir immer vorhältst», mischte sich seine Frau ein. «Er sagt mir immer wieder: ‹Diese Gemeinde ist eine Mischung von Kindergarten und Konzentrationslager.› Ich finde das unerhört!»

Ein kaum merkliches Lächeln auf dem Gesicht des Mannes bestätigte, daß dies genau seine Empfindungen traf. «Ich bin ein freiheitsliebender Mensch, und ich denke gerne mit», sagte er. «In meiner Firma, in der ich arbeite, werden diese Eigenschaften geschätzt und gefördert. Aber in der Gemeinde sollte man zu allem ja und amen sagen, schön still sitzen und am Ausgang ein kräftiges Opfer einlegen. Das nennen sie dann ‹Treue zur Sache›. – Aber nicht mit mir! Ich bin schließlich volljährig!»

Auch bei diesem Ehepaar folgte dann noch eine Reihe guter Gespräche.

Die so unterschiedlichen Situationen dieser beiden Ehepaare waren uns keineswegs fremd. Immer wieder stoßen wir im Gespräch mit christlichen Ehepaaren auf ähnlich gelagerte Fälle. Weil die Erstgespräche mit diesen beiden Ehepaaren aber unmittelbar aufeinander folgten, brachten sie uns schlagartig etwas ins Bewußtsein: Es gibt einen Zusammenhang und eine Verkettung von Ehe-, Lebens- und Glaubenserfahrungen, die unter gewissen Umständen in eine negative Situation einmünden können:

- Midlifekrise und mögliche Entfremdungserscheinungen in der Ehe.
- Unterschiedliche Glaubenserfahrungen und Reifungsprozesse.
- Gemeindestrukturen und ihre Begrenzungen.

Es ist hinlänglich bekannt, daß die Lebensmitte für die allermeisten Menschen von besonderer Bedeutung ist. Es ist eine Lebensphase, die wie kaum eine andere gekennzeichnet ist von Krisenerfahrungen. Deshalb sprechen viele gar nicht mehr von der Lebensmitte, sondern verwenden sofort den Begriff «Midlifekrise», «Krise in der Lebensmitte».

Was in dieser Phase mit uns geschieht, läßt sich am besten in einem Wort zusammenfassen: Veränderung. Dabei gibt es freilich viele Variationen dieser Veränderungen. Da spielen unser Geschlecht, unsere Wesensart und Charakterstruktur eine Rolle, ebenso das soziale Beziehungsnetz und unsere Glaubenserfahrungen. Mit physischen und psychischen Veränderungen werden wir alle konfrontiert. Andere Veränderungen tragen eine mehr biografische Handschrift.

Wir möchten im folgenden ausschließlich auf solche Lebensmitte-Veränderungen zu sprechen kommen, die sich in der *Ehebeziehung* zeigen können und da spezifische Auswirkungen haben im Glaubensleben und in der Beziehung zur christlichen Gemeinde. Die eingangs erwähnten Beispiele sind dafür geradezu typisch.

Unsere Lebensumstände sind oft von Sachzwängen bestimmt: Wir müssen uns anpassen, einfügen, nachgeben. Wir werden beeinflußt von dem, was andere sagen und denken. Man will sich ja nicht exponieren oder anecken und schweigt deshalb vielfach, wo man eigentlich etwas anderes denkt oder anders leben möchte.

Das läuft auch in einer Ehebeziehung so. Oft ist es die Frau, die sich anpaßt. Es gibt freilich auch die umgekehrte Situation.

Schweigen, schlucken, anpassen, ja vielleicht sogar kuschen und nachgeben ist eine Haltung, die man zunächst freiwillig – aus Schwäche oder falscher Demut – einnimmt. Es ist allerdings eine Haltung, die nicht unbegrenzt lebbar ist und vor allem nicht ohne Auswirkungen bleibt. Da staut sich so manches an. Spätestens in der Lebensmitte, wenn der Drang nach Veränderung massiv aufbricht, kommt es ans Licht.

Das wohl typischste Bedürfnis in Sachen Veränderung in der Lebensmitte ist der Wunsch nach Echtheit, Wahrheit und Freiheit. Man will endlich zu dem stehen, wer und was man ist. Man will seine Überzeugungen leben können. Man will nicht einfach offene oder versteckte Macht- und Herrschaftsstrukturen unangetastet lassen. Man will in partnerschaftlichem Miteinander leben und wünscht sich Respekt vor der persönlichen Meinung. Man will auch die Möglichkeiten, die einem gegeben sind, in der Partnerschaft der Ehe, in der Gesellschaft und eben auch in der christlichen Gemeinde einbringen können.

Diese Bedürfnisse haben Männer und Frauen gleichermaßen. Aber bei Frauen kommen sie in der Lebensmitte meist stärker und vehementer zum Ausdruck, weil gerade die Frauen bis dahin in ihren Lebensmöglichkeiten oft stärker eingeschränkt worden sind. Der berechtigte Wunsch vieler Frauen nach Lebensentfaltung, nach Eigenständigkeit und nach Ausschöpfen der eigenen Ressourcen bringt manche Männer ins Schleudern. Sie sind verunsichert.

Ein Mann sagte uns in der Beratung: «So, wie meine Frau jetzt ist, habe ich sie nicht geheiratet. Sie soll wieder werden wie früher, dann haben wir es auch wieder gut!» – Diese Frau war aufgebrochen zu innerer Freiheit und Selbständigkeit, und zwar in einem ganz positiven Sinne.

Es ist ein anspruchsvoller Schritt für Männer, diese Veränderung ihrer Frau in der Lebensmitte zu verstehen und zu akzeptieren. Und es ist ein weiterer Schritt, diese Veränderung zu unterstützen und sie sogar selbst nachzuvollziehen.

Viele Männer, die diesen Schritt nicht schaffen,

fliehen nach einer kürzeren oder längeren Phase unschöner Auseinandersetzungen in eine Ersatzbefriedigung. Das kann ein Hobby sein oder das Zusammensein mit Kollegen (am Stammtisch) oder eine Sucht. Bei gläubigen Männern ist es vielfach die Gemeinde. Das Verhängnisvolle daran ist, daß *diese* Flucht meist nicht als solche erkannt wird und in vielen Gemeinden sogar von der Gemeindeleitung oder den Gemeindegliedern noch mit Anerkennung und Lob honoriert wird. Die «Flucht in die Gemeinde» zeigt sich in einer Überaktivität, in einem übergroßen zeitlichen Engagement. Die Gemeinde staunt – die Frau stöhnt! Die Flucht in die Gemeinde ist im Grunde genommen eine Flucht vor der Frau, eine Flucht vor der Auseinandersetzung mit der Veränderung im Leben der Frau, eine Flucht vor der Herausforderung, die Ehebeziehung der neuen Realität anzupassen.

Gemeindeleiter sollten sensibilisiert sein, wenn Männer (oder auch Frauen) sich in einem Übermaß in der Gemeinde engagieren, und sich genauer nach ihrer Ehe- und Familiensituation erkundigen.

Der «Flucht in die Gemeinde» entspricht als Gegenstück die «Flucht aus der Gemeinde». Wir kennen ungezählte Beispiele überwiegend von Männern (aber es kann auch Frauen betreffen), die in der Lebensmitte plötzlich einen Rückzug aus der Gemeinde antreten. Fatalerweise wird das in den meisten Fällen von seiten der Gemeindeleitung als «Abfall vom Glauben» deklariert. Das gibt es freilich auch. In den allermeisten Fällen aber hat es einen anderen Charakter. Man kann hier nicht verallgemeinern.

Es sind ganz bestimmte Symptome und Verhaltensweisen in Gemeinden, die solch einen Rückzug verursachen. Es kann eine patriarchalische Gemeindestruktur sein oder gesetzliche Enge. Es kann eine simplifizierende Darlegung von Glaubensinhalten sein («Alles hoffnungslos richtig, und alles schon hundertmal gehört») oder eine weltfremde Frömmigkeitskultur. Vielleicht sind es Macht- und Herrschaftsstrukturen, die von einigen krampfhaft festgehalten und ausgeübt werden. Oder aber es wird ein Verkündigungsstil gepflegt, der auf «geistlichen Mißbrauch» hinausläuft und die Botschaft «Habnur-ein-schlechtes-Gewissen!» kultiviert.

In der Phase der Veränderung in der Lebensmitte, wo das starke Bedürfnis nach Echtheit, Wahrheit und Freiheit aufgebrochen ist, können solche Gemeindesituationen zum Auszug aus der Gemeinde, zur «Flucht aus der Gemeinde» führen. Vor allem dann, wenn kaum eine Chance zur Veränderung der Gemeindesituation zu erkennen ist.

Daß je nach Ehekonstellation sowohl eine «Flucht in die Gemeinde» als auch eine «Flucht aus der Gemeinde» die Ehebeziehung ganz enorm belasten und einer Zerreißprobe unterwerfen kann, liegt auf der Hand. In den meisten Fällen ist hier Hilfe von außen unentbehrlich. Das Gespräch mit einer seelsorgerlichen Beraterpersönlichkeit, die in Sachen Ehe und Glauben Durchblick, Reife und eine geistliche Haltung besitzt, ist von unschätzbarem Wert.

Impuls für das Ehegespräch

- Fragen Sie als Mann Ihre Frau, ob sie Sie als «auf der Flucht» erlebt. Wenn ja, welche Fluchtrichtung ist erkennbar?

- Fragen Sie als Frau Ihren Mann, ob er Sie als «auf der Flucht» erlebt. Wenn ja, welche Fluchtrichtung ist erkennbar?

- Geben Sie beide einander nicht sofort eine Replik darauf! Merken Sie sich die Aussagen, und denken Sie ein, zwei Tage darüber nach. Vereinbaren Sie dann nochmals ein Gespräch darüber!
  Falls eine(r) von Ihnen «auf der Flucht» ist oder gar beide auf der Flucht sind, wollen Sie die «Fluchtbewegung» aufgeben? Was würde das für Sie bedeuten? Was müßte sich eventuell als Voraussetzung verändern? Bei Ihnen? Bei Ihrem Partner?

6

Man macht halt so seine Erfahrungen!

Lebens- und Glaubenserfahrungen in der Ehe

Beim Stichwort «Erfahrungen» können wir alle mitreden. Jede und jeder von uns hat schon unzählige Erfahrungen gemacht, auf den unterschiedlichsten Gebieten und in den verschiedensten Situationen. Wir sprechen von Selbsterfahrung, Lebenserfahrung, Berufserfahrung, Gotteserfahrung, Glaubenserfahrung.

Mit manchen Erfahrungen stehen wir allein, sie sind einzigartig. Mit andern Erfahrungen reihen wir uns ein in eine ganze Kette von Leuten, die gleiche oder zumindest ähnliche Erfahrungen gemacht haben.

Manche Menschen berufen sich ständig auf ihre Erfahrungen. Andere stehen allen besonderen Erfahrungen kritisch gegenüber.

Viele sagen (mit dem Jesusjünger Thomas): «Was ich nicht selbst erfahren habe, glaube ich nicht.» Daneben gibt es Leute, die bauen auf Erfahrungen anderer und werden enttäuscht oder ermutigt.

Es gibt eine Reihe von Sprichwörtern zum Thema «Erfahrung», so etwa:

- «Erfahrung macht klug.»
- «Alt an Jahren hat viel erfahren.»

- «Hoffnungen machen den Mund groß, Erfahrungen machen ihn klein.»
- «Erfahrung ist eine teure Schule, aber Narren gehen in keine andere.»

In den wenigen Zitaten spüren wir etwas von der unterschiedlichen Bewertung und Betrachtungsweise von Erfahrungen. Doch wie wir auch dazu stehen und darüber denken: Unser Leben ist geprägt von Erfahrungen. Erfahrungen mögen zwar subjektiv sein – aber meine eigenen Erfahrungen sind *für mich* immer auch in einem hohen Maße objektiv und Realität.

Beispiel: Ich mache mir Vorstellungen von einem fremden Land, in dem ich den Urlaub verbringen möchte. Diese Vorstellungen werden geprägt von Illusionen, die ich habe, von Bildern, die ich gesehen habe. Prospekte und Reisebeschreibungen haben mir schon eine Ahnung vermittelt. Wenn ich aber mit einem bebilderten Reiseprospekt dieses Landes auf dem Sofa liegenbleibe, werden meine Erfahrungen mit diesem Land weitgehend Illusion bleiben. Ich muß mich aufmachen und mit dem Fahrrad oder zu Fuß, mit dem Auto oder dem Zug dieses Land durchreisen, durchfahren, damit ich es erfahre. Bei meinen verschiedenen Fahrten kreuz und quer durchs Land mache ich meine Erfahrungen. Je mehr Erfahrungen, desto objektiver und realistischer ist mein Bild, meine Kenntnis dieses Landes.

Das gilt für alle Bereiche unseres Lebens und damit auch für unsere Beziehungen allgemein und für die Ehe im besonderen.

Eheerfahrungen gehören zu dem anschaulichen Bilderbuch unseres Lebens, in dem wir ständig blättern.

Nehmen Sie sich doch bitte einige Augenblicke Zeit, um sich einige dieser Erfahrungsbilder vor Augen zu führen:

Die Erfahrung von
- Dank und Freude;
- Reden und Hören;
- gemeinsamem Planen und Handeln;
- Vergebung und Versöhnung;
- Verläßlichkeit und Treue;
- Schutz und Geborgenheit;
- Trauer und Verzweiflung;
- Frustration und Unverstandensein …

Das alles sind Erfahrungen, die wir in irgendeiner Form auch schon gemacht haben – die schönen und die schweren Erfahrungen, die beglückenden und die notvollen.

Wenn Sie sich diese Erfahrungen eben wieder einmal vergegenwärtigt haben, sind bei Ihnen vielleicht Gefühle angesprochen worden, die Sie lange Zeit unterdrückt oder verdrängt haben, Gefühle, die Sie fast nicht mehr kennen oder die Sie sich immer wieder ersehnten. Lassen Sie diese Gefühle zu!

Unsere Erfahrungen in der Ehe gehören zu unserem Leben. Die schönen und guten Erfahrungen wollen die Freude im Miteinander stärken und den Dank gegenüber Gott wecken. – Die schweren und notvollen Erfahrungen fordern uns heraus, an unserer Beziehung zu arbeiten, und sie machen uns unsere Abhängigkeit von Gott bewußt. Sie bieten in einer ganz besonderen Weise die Möglichkeit, Glaubenserfahrungen zu machen.

Wenn wir im folgenden von Lebens- und Glaubenserfahrungen in der Ehe sprechen, meinen wir keineswegs nur sogenannte «geistliche» Erfahrungen. Auch die alltäglichsten Erfahrungen, sogar die notvollen und beschämenden, können zu Gotteserfahrungen werden. Gott will durch alles hindurch an uns, an unserer Ehe und Beziehung arbeiten. Die Ehe ist ein Arbeitsplatz Gottes, auf dem er gerne verweilt.

Glaubenserfahrungen in der Ehe

Wir betrachten im folgenden einige Ehebereiche, in denen uns Gott begegnen und helfen möchte und in denen wir Gott erfahren können:

a) Von der Enttäuschung zur Wahrheit

Wohl alle Eheleute kennen die schmerzliche Erfahrung der Enttäuschung: Ich hatte mir alles so schön vorgestellt, ich wollte es so gut machen – und nun werde ich mit der Tatsache konfrontiert, daß der Partner das nicht bietet; daß er nicht leisten kann, was ich erwartet habe. Ja, ich selbst bin ebensowenig in der Lage, meine schönen Vorstellungen zu verwirklichen. Das Entdecken der Andersartigkeit im Denken, Reden, Empfinden und Handeln bringt Spannungen mit sich. Wir erleben unsere Unfähigkeit, damit umzugehen.

Resignation legt sich wie ein feiner Schleier über die Beziehung: «Es wär so schön gewesen, es hat nicht sollen sein!» – «Ich habe den Falschen geheiratet, unsere Ehe bringt's nicht.» Wir klagen einander und uns selber an.

Gott lädt uns Enttäuschte zu einer neuen Erfahrung ein. Er sagt uns durch Jesus in Johannes 8,32: *«Die Wahrheit wird euch befreien.»*

Das ist ein Aufruf: Komm, schau dir die Enttäuschung doch einmal genauer an! Sie enthält eine wichtige Botschaft. Deine früheren Vorstellungen und Bilder über die Ehe, deine Partnerin/deinen Partner und dich selbst sind voll von Täuschungen und Illusionen gewesen. Auf Täuschungen aber kann man nichts aufbauen. Dazu braucht man das feste Fundament der Wahrheit.

Jesus hat die Menschen immer mit der Wahrheit über sich und ihren Zustand konfrontiert. So werden Menschen von ihren falschen Bildern frei. Sie müssen sich nicht mehr selbst belügen und erkennen ihr wirkliches Leben sowie ihre wirklichen Chancen, die sie mit Gottes Hilfe ergreifen können. Erst das Zugeben unserer Unfähigkeit läßt uns Ausschau halten nach Hilfe von Gott.

Erste Glaubenserfahrung: Es gibt Hoffnung für alle Ehe-Enttäuschten! Unsere Unmöglichkeiten sind Gottes Möglichkeiten. Wir können und müssen unsere Enttäuschung bewußt eingestehen, die Realität akzeptieren und vor Jesus ausbreiten.

b) Von den Grenzen zum Vertrauen

Alle Verheirateten machen in der Ehe die Erfahrung, an Grenzen zu stoßen. Man hat zwar gewußt, daß es Meinungsverschiedenheiten und Schwierigkeiten geben kann. Aber daß der Partner plötzlich so fremd und unverständlich wird, das hat man sich nicht vorstellen können. Man denkt sich:

- Das müßtest du mir geben.
- Warum begreift er das denn nicht?
- Warum tut er das immer wieder?
- Wie lange halte ich das noch aus?
- Wie kann ich ihn da verändern? Ich habe soviel ge-

redet, genörgelt, umerzogen – nun mag ich nicht mehr. Meine Geduld und Kraft sind zu Ende.

Gott lädt Frauen und Männer an der «Ehegrenze» ein zu einer neuen Erfahrung: zum Blickwechsel. Nicht mehr den Partner im Vordergrund haben, sondern den lebendigen Herrn! Wir dürfen aufhören, den Partner zu bearbeiten, können ihn loslassen und einen Schritt zurücktreten.

Die eigene, persönliche Beziehung zu Jesus, zum Vater, zum Heiligen Geist bekommt wieder Priorität. Ich werde von Gott geliebt, er stillt mein Bedürfnis nach Liebe und Geborgenheit, ich komme vor ihm zur Ruhe und erhalte die Kraft für meinen Weg. Ich beginne mit Gott über meinen Partner zu sprechen und überlasse es Gott, den Partner zu verändern und zu erneuern.

Zweite Glaubenserfahrung: Vertrauen in Gott führt weiter! Jesus wird zur Brücke an der Grenze. Er verbindet, und er verändert die Situation. Das bringt Gelassenheit und inneren Frieden in die Ehe.

c) Aus der Umklammerung in die Freiheit

Der tiefe Wunsch nach Geborgenheit und nach Zugehörigkeit zu einem Menschen führt manchmal zum Besitzergreifen des Partners. Man möchte ihn ganz. Man will alles teilen und gemeinsam erleben; es gibt keine Freiräume und Geheimnisse. Wenn es als Forderung kommt, kann es erdrücken, das Leben ersticken. Dies begegnet uns vor allem von der Frauenseite her, die diese Sehnsucht nach totaler Beziehung stärker hat («*Du wirst dich nach deinem Mann sehnen…*»; 1. Mose 3,16). Man beginnt einander zu kontrollieren, eifersüchtig zu beobachten, Vorhaltungen zu machen und kommt so oft in den Teufelskreis von «Keifen und Kneifen», Beherrschenwollen und Rückzug.

Wahre Liebe aber führt in die Freiheit. Sie gibt den andern frei, damit er sich in Freiheit – freiwillig – hingeben, verschenken kann.

Wir bilden in der Ehe eine Einheit, aber das ist etwas anderes als eine Verschmelzung, wo einer im andern aufgeht. Jesus trennt dort mit dem vertikalen Kreuzesbalken, wo wir auf dem Weg über den Partner leben oder ihn besitzen wollen. Der andere Balken eint, führt und fügt zusammen, macht eins auf dem Boden der Hingabe aus Liebe, die in Freiheit geschenkt wird.

Dritte Glaubenserfahrung: Jesus bricht die besitzergreifende Umklammerung auf und führt in ein Einssein aus freiwilliger Hingabe. Liebe und Freiheit gehören zusammen.

d) Von den Machtkämpfen weg zur gegenseitigen Unterordnung

Zum Alltag der Ehe gehören Meinungsverschiedenheiten und Konflikte. Unweigerlich entsteht dann die Frage: Wer gewinnt? Soll ich mich durchsetzen oder nachgeben? Der Kampf um die Macht zerstört manche Ehe. Schwierig ist es, wenn immer die gleiche Person nachgibt oder gewinnt. Ebenso schwierig ist es, wenn beide sich durchsetzen wollen und auf ihrem Recht beharren.

Gott beugt diesen kriegsähnlichen Ehesituationen vor mit einer Eheordnung, die zum Frieden führt: der gegenseitigen Unterordnung. In Epheser 5,21 heißt es (nach Luther): *«Ordnet euch einander unter in der Furcht Christi.»*

Den meisten ist Vers 22 besser bekannt: «*Die Frauen sollen sich ihren Männern unterordnen wie dem Herrn.*» – Es geht aber um mehr. Unterordnung ist ein geistliches Prinzip und gilt auch für die Männer. Die männliche Form der Unterordnung heißt «Liebe»: «*Ihr Männer, liebt eure Frauen, wie auch Christus die Gemeinde geliebt hat und hat sich selbst für sie dahingegeben …*» (Vers 25). Liebe heißt, sich in die Beziehung zur Frau investieren, heißt sich hineingeben, Anteil nehmen, mittragen.

Die weibliche Form der Unterordnung heißt: Achtung, Respekt. Die Frau soll ihren Mann achten und respektieren. Das ist das Gegenteil von verachten, klein machen, kritisieren, vergleichen mit andern oder über ihn herrschen.

Die Unterordnung aus Liebe und Achtung ist eine Herzenshaltung, die ich bewußt wähle und einnehme durch meine Beziehung zu Jesus. Sie geschieht «in dem Herrn». Der Partner muß sie sich nicht erst verdienen. Ich mache *meine* Unterordnung auch nicht abhängig von *seiner* Unterordnung.

Vierte Glaubenserfahrung: Gottes Ordnungen zeigen den Weg zum Frieden in der Beziehung: durch die gegenseitige Unterordnung in Liebe und Achtung.

e) Vom Reagieren zum Agieren

Wir handeln alle natürlicherweise nach dem Motto: Wie du mir, so ich dir! Das heißt: wir re-agieren aufeinander, wir geben Echo. Wenn der Mann beim Heimkommen seine Frau freundlich begrüßt, dann gibt sie ihm liebevoll einen Kuß. Wenn er sich grußlos in sein Arbeitszimmer verzieht, dann stellt sie ihm wortlos das Abendessen auf den Tisch. Wenn – dann: eines bedingt das andere.

Wer hindert uns eigentlich daran, anders zu reagieren? Jeder trägt die Verantwortung für sein Verhalten. Wenn der Mann schlecht gelaunt ist, trägt er allein für sein Verhalten die Verantwortung. Die Frau ist nicht verpflichtet, sich davon anstecken zu lassen. Sie kann für sich selbst entscheiden, wie sie sich verhalten will. Niemand zwingt sie zu re-agieren. Sie kann agieren, sich aktiv anders verhalten. Und dasselbe gilt selbstverständlich auch entsprechend für den Mann.

Ich bin verantwortlich für meine Gefühle, meine Aktionen, für mich selbst. Gott will uns neue Möglichkeiten zeigen zum eigenverantwortlichen Agieren.

Fünfte Glaubenserfahrung: Gott befreit mich aus der Verkettung der «Wenn-Dann»-Bedingungen. Er erlaubt mir eigene Aktionen, die den Weg ebnen zu einem originellen Miteinander.

f) Von der Einforderung zur Tilgung

Wo man miteinander lebt, wird man auch aneinander schuldig. Das ist eine ganz normale Sache, weil wir Menschen sind und als solche immer auch Sünder. Die Frage ist nicht, wie wir das Schuldigwerden vermeiden können, sondern wie wir damit umgehen.

Als Menschen, die mit Jesus leben, kennen wir die gewaltige Erfahrung: Das Blut Jesu Christi macht uns frei von aller Sünde. Wir haben die Vergebung durch sein Blut. Wir sind gerecht gemacht und angenommen – nicht weil wir so gut sind, sondern weil Jesus uns das schenkt.

Diese Gotteserfahrung gilt auch in unserer Ehe. Wenn wir in unserer Ehe aneinander schuldig geworden sind, Beziehungsschuld auf uns geladen, uns gegenseitig verletzt, gekränkt, vernachlässigt haben, können wir diese Schuld zur einzigen Entsorgungsstelle bringen, die es dafür gibt: zum Kreuz auf Golgatha. Jesus hat diese Schuld längst auf sich genommen und für uns gesühnt.

Schuld bekennen und einander um Vergebung bitten – das ist gar nicht so einfach, wie es klingt. Solange es nur irgendwie geht, versuchen wir Schuld abzuschieben, uns zusammenzureißen und möglichst wieder etwas netter zu sein. Der Stolz hindert uns daran, vor dem Ehepartner klein zu werden, Schuld einzugestehen und zu bekennen: «Schatz, ich habe Fehler gemacht. Ich bin an dir schuldig geworden. Bitte vergib mir.»

Wir haben Angst zu verlieren. Wir befürchten, der andere könnte das dann ausnützen, sich Vorteile verschaffen, es uns bei passender Gelegenheit vorhalten, daraus Rechte ableiten und Bedingungen stellen.

Vergeben heißt aber, daß die Schuld getilgt, gestrichen wird. Sie existiert nicht mehr.

Eine der größten Glaubenserfahrungen in der Ehe ist das Erleben, daß durch Beichte und Vergebung die Herzen weich werden füreinander und zusammenwachsen. Man bekommt sich lieber als vorher. Es wird nicht nur gekittet, es wird nicht der alte Zustand wiederhergestellt, sondern es darf etwas Neues, Größeres wachsen.

Sechste Glaubenserfahrung: Schuld trennt und isoliert in der Ehe. Die Herzen werden hart und bitter. Schuldbekenntnis und Vergebung führen zueinander und setzen Liebe frei. Eine gesunde Ehe ist eine versöhnte Ehe.

Gemeinsam Gott dienen in der Ehe

Wenn wir junge gläubige Menschen fragen, was für ein Ziel sie für ihre künftige Ehe haben, sagen sie oft: «Wir möchten mit und in unserer Ehe gemeinsam Gott dienen.»

Sie stellen sich das als Verdoppelung der Einsatzmöglichkeiten vor: die Kraft eines Zweierteams, das eigene Heim als Oase für Ausgebrannte und die Kinder als missionarische Brücken zu anderen Eltern.

Das wird schnell zur Überforderung, zum Frust. Gemeinsam Gott dienen beginnt meist anders. Es beginnt damit, daß wir *einander in der Ehe* dienen lernen: der Mann seiner Frau, die Frau ihrem Mann. Bei diesem Dienst stoßen wir an die Grenzen, erleben uns als Bedürftige, die den Dienst Jesu an sich selbst und an ihrer Ehe dringend brauchen.

Wenn Jesus uns dienen kann und wir ihn erfahren als den barmherzigen Gott, der Mitleid hat mit unserer Schwachheit, werden wir als Ehepartner in die Eheeinheit hineingeführt und zum gemeinsamen Dienst befähigt.

Das erste Dienstprogramm in der Ehe ist passiver Art und bleibt durchgehend durchs ganze Eheleben aktuell: Wir lassen uns dienen von Jesus!

Es ist ein sehr wichtiger Punkt, der oft mißverstanden wird. Gott in der Ehe dienen heißt nicht: eine Superehe führen und perfekte Eltern sein, die alles recht machen, damit wir ein Zeugnis sind. Es heißt, daß wir uns von dem lebendigen Gott lieben lassen, dem Gott, der uns trotz aller unserer Mängel liebt, für uns sorgt, mit uns ist.

Wenn unser Herz es doch neu fassen und hören

könnte, daß wir Gott kostbar sind! Er hat allergrößtes Interesse an unserer Ehe und will uns Gutes tun. Er sucht mit und für uns nach Lösungen und Lebenshilfen. Er will unsere Ehe segnen und heilen. Er arbeitet, renoviert, baut aus und baut auf an unserem Ehehaus.

Das zweite Dienstprogramm heißt: Wir dienen einander als Mann und Frau in der Ehe.

Unsere Verschiedenartigkeit gehört zu diesem Dienstprogramm! Statt sich über unsere Andersartigkeit aufzuregen, könnten wir einander so sehen lernen, wie Gott es sich gedacht hat: als Ergänzung.

Wir ergänzen einander durchs Mann- und Frausein, mit unseren verschiedenen Charakterstrukturen und Temperamenten, mit unseren verschiedenen natürlichen und geistlichen Gaben, mit den verschiedenen Erfahrungen durch Erziehung, Prägung, Beruf.

Jeder Partner bringt sich in die Ehe ein mit Stärken und Schwächen. Statt einander die Schwächen vorzuhalten, könnte man auch die Stärken erkennen und loben und sich fragen, wie jeder den anderen ergänzen könnte.

Wenn wir einander in der Ehe dienen wollen, entscheiden wir uns damit, einander nötig haben zu wollen.

Heute herrscht ein starker Trend, in der Ehe möglichst unabhängig zu bleiben. Die Eigenentwicklung wird über die Paarentwicklung gestellt. Um der Ehe willen auf etwas verzichten? Das wird eher zurückhaltend beurteilt, weil man von vornherein erwartet, daß man es später einmal bereut.

Das zweite Dienstprogramm bedingt Hingabe aneinander, Verzicht um des anderen willen. Schwierig wird solches Verzichten vor allem dann, wenn ein Teil sich verwirklicht auf Kosten des anderen, wenn der andere nie zum Zuge kommt, dauernd zurückstehen muß. Nötig ist auch hier das offene Gespräch und die gegenseitige Rücksichtnahme.

Haben Sie sich in Ihrer Ehe als Geschenk an den Partner hingegeben und Ihren Partner als Geschenk angenommen? Das spürt man einer Ehe ab.

Einander dienen in der Ehe ist die Bereitschaft zur lebendigen Beziehung, zum Anteilnehmen am Leben und Ergehen der Partnerin, des Partners. Dazu müssen wir Zeit miteinander verbringen und aufeinander hören. Wir unternehmen Dinge zusammen und genießen das Leben. Wir bereinigen fortlaufend, was an Mißverständnissen und Unstimmigkeiten aufkommt.

Das dritte Dienstprogramm: Wir haben in unserer Ehe ein gemeinsames Ziel: das Reich Gottes. Unsere Ehe ist eine «Reich-Gottes-Ehe». Jesus ist der Herr unserer Ehe, wir gehören und dienen ihm.

Wie könnte es anders sein, als daß das Ziel auch den Weg bestimmt, das Reich Gottes auch unsere Ehe prägt, die Herrschaft Gottes auch unsere Lebensgestaltung beeinflußt? Wie könnte es anders sein, als daß Jesus zu spüren und zu hören ist in unserer Ehe?

Das wird je nach Umfeld der Ehe, je nach den Möglichkeiten und Gaben der Ehepartner verschieden aussehen.

Es wird sich in der gemeinsamen Zugehörigkeit zu einer christlichen Gemeinde ausdrücken, in der Übernahme von Aufgaben, im Engagement für Missionsarbeit oder Missionare, in der finanziellen Unterstützung des Reiches Gottes etc.

Aber auch innerhalb der Ehe hat das dritte Dienstprogramm Auswirkungen. Zum Beispiel daß man sich als Mann und Frau an Gottes Ordnungen hält, daß das Wort Gottes Raum hat in den Herzen und gemeinsam gelesen und beachtet wird, daß man für- und miteinander betet, einander segnet, Rückendeckung gibt.

Die Ehe ist die kleinste Zelle. Es liegt eine große Verheißung auf der geistlichen Zweierschaft. Jesus sagt: «*Wo zwei oder drei versammelt sind in meinem Namen, da bin ich mitten unter ihnen*» (Matthäus 18,20; Luther), und: «*Wenn zwei unter euch eins werden auf Erden, worum sie bitten wollen, so soll es ihnen widerfahren von meinem Vater im Himmel*» (Matthäus 18,19; Luther).

Wo Mann und Frau gemeinsam in den Dienst für Gott hineinreifen, entsteht *couple-power,* Paarkraft, ein Bollwerk gegen die Mächte der Zerstörung.

«Hineinreifen»! Wir dürfen nicht einander hineindrücken oder hineinerziehen. Es braucht auch für diese Berufung Wachstum und Reifung. Man muß aufeinander warten können und einander Zeit lassen, bis beide soweit sind.

Viertes Dienstprogramm: Wir dienen anderen Menschen, der Welt, im Auftrag Gottes.

Gott sucht sich Ehepaare, die er als seinen Mund, seine Augen, seine Hände und Füße in die Welt hineinsenden kann. Die «Welt» kann in Afrika, in Berlin, im Ötztal oder im Hinterthurgau sein, einfach dort, wo wir hingerufen wurden.

Ein offenes Wohnzimmer für den Hauskreis oder

die Mitarbeit beim Frauenfrühstück gehören genauso dazu wie die Besuche bei der kranken Nachbarin, die Begleitung eines ehemaligen Drogenabhängigen, das politische Engagement, die Patenschaft in Indien …

Es geht um die innere Bereitschaft, sich als Ehepaar Gott zur Verfügung zu stellen, damit er durch uns und mit uns sein Reich bauen kann. Wir erbitten uns seine Anweisungen und hören auf ihn. Aber Achtung! Gott nimmt uns in diesen Dingen sehr ernst!

Impuls für das Ehegespräch

- Welche der sechs genannten «Glaubenserfahrungen» (a–f) fehlt Ihnen Ihrer Meinung nach bisher?
- Was müßten Sie unternehmen, was verändern, um zu dieser Erfahrung zu kommen?
- Haben Sie in Ihrer Ehe noch andere Glaubenserfahrungen gemacht? Welche? Erzählen Sie einander als Ehepaar davon!

7

Der Mann sei untertan der Frau!?

Unsere Wörter und Begriffe: oft ganz schön mit Vorurteilen belastet

Ha, denken Sie jetzt, nun ist den Theobalds aber ein gravierender Fehler unterlaufen. Vielleicht sogar ein richtiger Freudscher Versprecher! Und die Leute im Lektorat haben das nicht mal gemerkt. Dabei müßten die doch eigentlich bibelfest genug sein, um zu wissen, daß es heißen muß: *Die Frau sei untertan dem Mann!* Anderseits – so abgrundtief altmodisch, so rückständig und in patriarchalische Denkmuster verstrickt können die doch auch nicht sein. Irgend etwas ist da schiefgelaufen!

Aber nun halten Sie sich bitte am Stuhl fest: Nein, das ist kein Druckfehler und kein Freudscher Versprecher. Wir haben diese Formulierung ganz bewußt gewählt. Sie haben freilich recht: Unsere Formulierung steht so nicht in der Bibel. Den Satz: «Der Mann sei untertan der Frau» finden Sie wirklich nicht in der Heiligen Schrift. Und trotzdem ist die Aussage biblisch. Doch zunächst eine Wortklärung.

«Untertan sein» oder «sich unterordnen»?

Falls in Ihrer Bibel noch der Satz steht: *«Die Weiber seien untertan ihren Männern...»* (Epheser 5,22), besitzen Sie womöglich eine wertvolle Antiquität. In alten Lutherbibeln findet sich noch diese Formulierung. Seit vielen Jahren wird in allen deutschen Bibelübersetzungen die Wendung «sich unterordnen» gebraucht.

Mit «untertan sein» assoziieren wir meistens Kadavergehorsam, Leibeigenschaft, Sklaverei. Damit verbinden sich schreckliche Bilder von Mißhandlung und Ausnützung.

Im «Lexikon der Synonyme» (sinnverwandter Wörter) finden wir eine breite Auswahl möglicher anderer Wörter für «untertan/untertänig»: *untergeben – verpflichtet – gebunden – demütig – gottergeben – fromm – niedergebeugt – unterwürfig – gehorsam – fügsam – willfährig – dienstbar – ehrfurchtsvoll – ehrerbietig – hörig* u.a.

Einige dieser Eigenschaften sind durchaus akzeptabel und erstrebenswert. Manche dieser Wörter bleiben uns fast im Halse stecken.

Nicht nur bei dem Wort «untertan», sondern auch in vielen andern Fällen suchen wir immer wieder *die* Sinngebung und Füllung, die uns paßt bzw. sinnvoll erscheint oder die uns überliefert wurde und sich uns eingeprägt hat. Oftmals geschieht dies unreflektiert – und unsere Wörter und Begriffe sind deshalb manchmal mit Vorurteilen belastet.

Bei dem Wortfeld «untertan sein/sich unterordnen» ist das in einem hohen Maße der Fall. Wir könnten hier die Fehlentwicklungen im Laufe der Menschheitsgeschichte aufrollen, den Kampf der Geschlechter erwähnen, die Herrschaft des Patriarchats oder des Matriarchats. Und wir könnten unzählige Beispiele von Mißbrauch, von Vergewaltigung und brutaler Machtausübung anführen. Da ist unendlich viel schiefgelaufen! Das Schlimme dabei:

Es wurde und wird noch heute von manchen «biblisch begründet» oder im umgekehrten Falle «Gott angelastet».

Unterordnung heißt: unter einer Ordnung leben! Unterordnung ist ein biblisches Prinzip. Der Begriff «unterordnen» kann zwar auch mißbraucht und falsch verstanden werden. Trotzdem ist er angebrachter für das, was die Bibel uns vermitteln will.

Es würde zu weit führen, wenn wir alles ausleuchten wollten, was damit in der Bibel angesprochen wird. Es geht jedenfalls weit über das Verhältnis von Mann und Frau hinaus. Ja, es geht zuallererst um unsere ganz persönliche und intime Beziehung zu Gott selbst. Es ist letztlich ein Grundgedanke *aller* Beziehungsgestaltung. Wenn wir zum Ursprung gehen, entdecken wir, daß Unterordnung ein göttliches Prinzip ist, das er selbst vorlebt.

Der dreieinige Gott (als Vater, Sohn und Heiliger Geist) lebt in Gemeinschaft, in Beziehung und in Unterordnung. Die Dreieinigkeit ist aufeinander bezogen. In der gegenseitigen Zuordnung leben sie Unterordnung! Wenn am Anfang der Bibel Gott sagt: *«Lasset uns Menschen machen, ein Bild, das uns gleich sei...»* (1. Mose 1,26; Luther), dann stellt er auch uns Menschen in diese *Unterordnung in Zuordnung* hinein. Unterordnung in Zuordnung bedeutet: In unserer Unterschiedlichkeit als Mann und Frau üben wir liebevolle Rücksichtnahme, haben wir das Wohl des andern im Auge, helfen wir einander!

Unterordnung ohne den Aspekt der gegenseitigen Zuordnung endet einerseits sehr leicht in Herrschsucht, Druck, Gewaltausübung (auch fromme Gewalt!) – andererseits in Kriecherei, Unterwürfigkeit, Willenlosigkeit und falscher Hilfsbereitschaft.

Biblische Unterordnung ist keine Machthierarchie, sondern eine Dienst- und Schutzhierarchie!

«Der Mann ist das Haupt ...»

Im Zusammenhang mit der Frage der Unterordnung taucht ja meist auch die Aussage auf: *«Denn der Mann ist das Haupt der Frau...»* (Epheser 5,23). Diese Aussage läßt sich nicht trennen von der Fortsetzung: *«...wie auch Christus das Haupt der Gemeinde ist... Aber wie nun die Gemeinde sich Christus unterordnet, so sollen sich auch die Frauen ihren Männern unterordnen in allen Dingen.»*

Auch diese Worte deuten nicht auf eine Machtbefugnis, auf eine Machtstruktur hin, sondern zeigen nur etwas von der Autorität und Leitungsverantwortung, die der Mann vor Gott für seine Frau und Familie hat.

Jesus aber, das «Haupt der Gemeinde», ist «unter euch wie ein Diener» (Lukas 22,27). Er wäscht seinen Jüngern die Füße (Johannes 13,1ff). Er dient ihnen und weist damit auf das Wesen des «Haupt-Seins» hin: Es ist dienende Hingabe und hingebende Liebe! Haupt-Sein und Diener-Sein gehen hier Hand in Hand!

Der Mann sei untertan der Frau

Die Aussage «Der Mann sei untertan der Frau» ist deshalb genauso unbiblisch wie die Forderung «Die Frau sei untertan dem Mann», wenn sie als Einzelaussage hingestellt wird. Die biblische Wahrheit heißt: Die Frau soll sich ihrem Mann unterordnen und der Mann seiner Frau! Darin verwirklichen sie die Ebenbildlichkeit Gottes.

Wie aber sieht das in der praktischen Ausgestaltung des Alltags aus? Paulus beschreibt in Epheser 5, wie sich die Unterordnung der Frau und die des Mannes gestaltet:

«Ihr Männer, liebt eure Frauen» (Vers 25)

Das ist die Art und Weise, wie ein Mann sich seiner Frau unterordnet. Aber das ist doch gar keine Frage: Selbstverständlich lieben Männer ihre Frauen. Sonst hätten sie sie doch gar nicht erst geheiratet!

Doch was heißt denn schon «lieben»? Liebe ist einerseits ein völlig abgewerteter Begriff, andererseits überaus hochgestylt.

Im Blick auf die Frau heißt «Liebe» für den Mann: in die Beziehung eintreten. Beziehung aber versteht der Mann als Grundsatzentscheidung, für die Frau hingegen ist sie ein täglich stattfindender Vorgang. Beziehung bedeutet Interesse haben am inneren und äußeren Erleben der Frau, Anteilnahme, Zuwendung, Verständnis. Beziehung heißt nicht: «Sage mir deine Probleme, und ich sage dir, wie du sie lösen kannst»!

Es gehört zur Feinfühligkeit, die Männer eigentlich haben, aber oftmals unterdrücken, daß sie auch jene Bereiche der Frau ernst nehmen und mit ihrer Zuwendung versehen, die sie nicht ohne weiteres verstehen können. Die Frau wird dies als Liebe erkennen!

«Die Frau aber ehre den Mann» (Vers 33b)

Das ist die Art und Weise, wie die Frau sich ihrem Mann unterordnet.

«Ehren» ist das Gegenteil von Verachten, Kleinmachen und Geringschätzen. Im Laufe einer Ehe kann sich im Herzen einer Frau Verachtung, Auflehnung oder Bitterkeit gegen den Mann einschleichen. Sie ist enttäuscht über die Art und Weise, wie sich der Mann zu Hause als Ehemann und Vater verhält. Und so übernimmt sie oftmals das Regiment und sagt dominant, wo es langgeht.

Dem beugt Gott vor mit diesem Ordnungswort: Die Frau ordne sich ihrem Mann unter durch Achtung, die sie ihm entgegenbringt.

Damit es klar ist: Weder die Liebe des Mannes noch die Achtung der Frau kann vom Partner als Pflicht angemahnt werden. Wir schenken uns das gegenseitig – freiwillig –, weil wir in der Liebe und Ehrfurcht gegenüber Gott leben! Darum sagt Paulus: *«Ordnet euch einander unter aus Hochachtung vor Christus»* (Epheser 5,21; eigene Übersetzung).

Wenn uns beiden die biblischen Aussagen in Sachen «Unterordnung» nicht bekannt gewesen wären, hätten wir wohl – aus dem Bauch heraus – viel eher die Liebe als Zeichen der Unterordnung der Frau verstanden und uns betreffend Männer diesbezüglich eher für die Achtung entschieden. Den Frauen würde doch die *Liebe* bestimmt leichter fallen und Männern höchstwahrscheinlich die *Achtung* … So hätten wir gedacht. Aber Gott weiß, daß Frauen dann am besten leben, wenn sie in der ihnen entgegengebrachten Liebe ruhen können. Männer dagegen haben es in ihrer seelischen Konstellation nötig, daß sie geachtet und respektiert werden.

Eine derart gelebte gegenseitige Unterordnung dient dem Aufbau des Lebens!

Impuls für das Ehegespräch

- Welche Gedanken und Aspekte in Sachen «Unterordnung» sind Ihnen neu?
- Müssen Sie diesbezüglich in Ihrem Verhalten Ihrem Partner gegenüber etwas verändern? Was?
- Versuchen Sie einmal, Ihrem Mann / Ihrer Frau einen «Liebesbrief» zu schreiben, der von dieser biblischen Sicht der gegenseitigen Unterordnung her inspiriert ist!

8

Das geistliche Leben in der Ehe vertiefen

Die Stärkung der Zweierschaft und ihre Verheißung

In meiner Jugendzeit ging ich (Vreni) regelmäßig in die Jugendgruppe. Ich erinnere mich, daß das Thema «Freundschaft und Liebe» zu den beliebtesten Themen überhaupt gehörte. Der Leiter – damals war das noch der Prediger – wies stets darauf hin, daß eine Beziehung zwischen einem gläubigen und einem ungläubigen Partner immer mit großen Schwierigkeiten verbunden ist, weil der gemeinsame Glaube das wichtigste Fundament einer Ehe sei. Wenn nur einer der Partner im Glauben stehe, werde es unweigerlich zu Auseinandersetzungen und damit verbunden zu einer inneren Einsamkeit kommen. Oder einer passe sich dem anderen an, entweder in Richtung Glauben oder in Richtung Unglauben.

Ich habe im Laufe meines Lebens verschiedene Beispiele für die Wahrheit dieser Erfahrung kennengelernt. Schon während meiner Kindheit hatte ich es in der Ehe meiner Eltern beobachten können: Meine Mutter ging gegen den Willen meines Vaters in eine Freikirche. Das lieferte viel Zündstoff in der Familie.

Anderseits habe ich aber auch gelernt, daß es viel zu einfach und naiv ist zu meinen: Wenn zwei Christen heiraten, führen sie eine christliche Ehe, gehen gemeinsam den Weg des Glaubens und bleiben so von Ehekrisen verschont oder können sie zumindest bravourös meistern. Nein, ausgerechnet der gemeinsame Glaube erweist sich manchmal als größter Ehefrust, als Quelle von Enttäuschung und Resignation. Er kann zum Hindernis werden für ein echtes Zusammenwachsen, weil unterschiedliche, falsche oder überhöhte Erwartungen und Vorstellungen damit verbunden sind.

Wir verändern uns ja auch im Laufe unseres Lebens, entwickeln uns, gehen durch Lebensprozesse hindurch und merken, daß sich das auch auf unseren Glauben und die Ausdrucksformen unseres Glaubens auswirkt. Die Feststellung in der Lebensmitte: «Ich bin nicht mehr die Frau, die du geheiratet hast», trifft auch im Bereich des Glaubens zu oder auf die Art und Weise, wie wir den Glauben ausleben können oder wollen.

Es kann auch sein, daß wir auf geistlichen Durststrecken steckenbleiben. Weil wir uns über unser «Versagen» auf geistlichem Gebiet schämen, sprechen wir kaum darüber. Wir möchten einander als Ehepaar auch nicht in der Gemeinde bloßstellen. So «tun wir als ob» und leiden und leben als Ehepaar geistlich verstummt nebeneinander. Doch im Herzen schreien wir zu Gott um Hilfe. Wir bitten Jesus in unser Unvermögen herein, damit er uns einen neuen Weg zeigen kann in ein echtes, befreites und frohes Miteinander im geistlichen Leben.

Impuls für das Ehegespräch

Tauschen Sie als Ehepaar hier zunächst über folgende Fragen aus:
Welche Bilder und Erwartungen haben Sie in bezug auf «geistliches Leben in der Ehe» aus Ihrem Elternhaus, aus Biografien, Predigten oder Ihren eigenen Vorstellungen mitgenommen? Wie sieht eine christliche Ehe für Sie aus? Was tut «man», wie verhält «man» sich?

Ist Ihnen etwas von der Kraft dieser Erwartungen bewußt geworden? Sie haben sich in uns festgesetzt und werden zu Forderungen an den Partner: So müßte es sein, so müßtest du sein, dann bist du richtig. So sieht ein christlicher Ehemann aus, so verhält sich eine gläubige Ehefrau. Wir halten einander eine fromme Schablone vor und verurteilen und verachten, was nicht dazu paßt.

So kann der Glaube zur Bedrückung und Last werden, zum Joch, das wir uns gegenseitig auflegen und mit dem wir das Leben abwürgen.

Wir müssen in einem ersten Schritt ganz bewußt unsere Bilder, Vorstellungen, Erwartungen, Forderungen und Enttäuschungen bei Jesus am Kreuz abgeben. Wir bitten um Vergebung, und wir vergeben. Auch alle Scham, die über diesem Thema liegt – dieses Sich-Schämen für den Partner, für mich und mein Unvermögen –, dürfen wir ans Kreuz bringen. So können wir uns lösen von der Scham. Jesus trägt alles für uns.

Das Joch der Verurteilung und Resignation, das

wir als Ehepaar einander aufgelegt haben, brechen wir im Namen Jesu und werfen es ab. Wir geben einander frei in die persönliche Geschichte und Beziehung, die der Herr mit jedem von uns und mit jeder Ehe hat.

Jede Ehe, die vor ihm und mit ihm geschlossen wurde, ist sein Werk – ein Original. Sie ist ein Bund, in dem er selbst mit uns lebt. Er will, daß wir als Eheleute zusammenwachsen und gemeinsam zur Brücke im Reich Gottes werden, über die Gott seine Liebe in die Welt bringt.

In jedem Leben und in jeder Ehe gibt es auch Scherben, Gebrochenes, Zerbrochenes. Das gehört zum Menschsein. Normalerweise versuchen wir das zuzudecken und zu verbergen. Frömmigkeit ist geradezu ein idealer Panzer oder Mantel, unter dem man seine Schwäche verbergen kann. Aber dadurch verhindern wir echte Gemeinschaft, weil niemand an unser Herz herankommen kann, weil man uns nie wirklich kennenlernen darf. Wir bleiben einander fremd und fern.

Von Jesus zu echter Gemeinschaft befreit werden heißt: Du bist mit den «Brüchen» in deinem Leben, mit deiner Schwäche, deinen Fehlern angenommen. Du mußt dir die Gerechtigkeit vor Gott nicht erst durch Gutsein verdienen. Du bist gerecht gemacht, weil Jesus dir seine Gerechtigkeit schenkt. Er hat sie für dich erkauft und mit seinem Blut bezahlt. Du mußt dich also nicht mehr hinter einer schönen Fassade verstecken, sondern darfst dich auch mit den Wunden und dem Unfertigen zeigen, ins Licht kommen zu Jesus und dann auch zu deiner Frau, deinem Mann. Jesus hilft dem, der sich nach Hilfe sehnt; dem, der in der Wahrheit lebt. Er wird in seiner Liebe und Barmherzigkeit mit uns leben, wird uns heilen und helfen.

Jesus will uns auch barmherzig machen im Umgang miteinander in der Ehe. In dieser Jesus-Liebe können wir einander begleiten und dienen lernen. Damit ist auch der Weg frei und offen für echte, ehrliche geistliche Gemeinschaft. Ja, eigentlich beginnt damit und besteht darin die Vertiefung des geistlichen Ehelebens, daß wir das, was wir glauben, auch in der Ehe ausleben und davon profitieren.

Diese Ausgangslage ist sehr wichtig, weil wir sonst mit unserem geistlichen Eheleben in Krampf und Frust hineinkommen.

Vor dem gemeinsam gelebten Glauben in der Ehe steht die *persönliche* Glaubensbeziehung mit dem lebendigen Gott. Aber nicht als Forderung, sondern als Angebot und Geschenk. Die Beziehung zu Gott ist die Grundbeziehung, die tiefste Beziehung, die ein Mensch haben kann. Jeder Mensch ist für seine Beziehung zu Gott selbst verantwortlich. Keiner kann für einen anderen Menschen glauben. Wir können einander auch nicht Vorschriften machen, umerziehen oder vorwärtsstoßen.

Erst als *zweiter* Schritt, als Konsequenz aus der ersten Beziehung, kommt nun die Frage nach der Gestaltung des geistlichen Lebens in der Ehe.

Weil wir persönlich, als einzelne, bei Gott erleben, daß wir bedingungslos angenommen und geliebt sind, können wir diese Erfahrung auch miteinander teilen und einander dieses Angenommensein, diese Liebe weitergeben. Auf diesem festen Fundament kann der Glaube in unserer Ehe das gemeinsame Lebensziel, der gemeinsame Dienstauftrag, die gemeinsame Freude werden. So können wir zu einer

Eheeinheit zusammenwachsen – und das ist Gottes Ziel mit unserer Ehe.

Formen geistlichen Lebens, die wir miteinander teilen und leben können

Gemeinsames Gebet

Verstehen Sie bitte diese Ausführungen als Anregung und Gesprächshilfe für Ihre Ehe, nicht als Forderung oder Druck. Wir sind zur Freiheit berufen und nicht dazu, Gesetze aufzustellen. Aber es gibt für das geistliche Leben hilfreiche Ordnungen und Formen.

Gott hat es selbst so eingesetzt und gesagt: *«Es ist nicht gut, daß der Mensch allein sei»* (1. Mose 2,18; Luther). So schuf Gott die Ehe als Zweierschaft. Später sandte Jesus die Jünger zu zweit aus. Wo zwei Menschen miteinander übereinstimmen in dem, was sie in Gottes Auftrag tun, wird Gottes Kraft durch sie besonders freigesetzt. Jesus sagt in Matthäus 18,19 und 20: *«Wenn zwei von euch hier auf der Erde meinen Vater um etwas bitten wollen und darin übereinstimmen, dann wird er es ihnen geben. Denn wo zwei oder drei in meinem Namen zusammenkommen, bin ich in ihrer Mitte.»*

Die Ehe ist die Zweierschaft, auf der eine große Verheißung ruht. Sie ist von Gott gedacht als Lebens- und Liebesgemeinschaft, aber auch als Arbeits- und Kampfgemeinschaft, wo man miteinander etwas durchtragen kann. Eine solche Ehe wird ein Stützpunkt und Brückenkopf für das Reich Gottes.

Die Ehegemeinschaft ist die kleinste Zelle des Leibes Christi. Sie ist wichtig für den Aufbau des Reiches Gottes.

Das gemeinsame Gebet bringt dieses Miteinander vor Gott zum Ausdruck. Es ist die Ehekommunikation, die Pflege der Gemeinschaft mit Gott.

Oft empfinden wir voreinander eine gewisse Scheu, eine innere Hemmung, uns in Gegenwart des Partners im Gebet zu öffnen und Gott hinzugeben. Gebet, das persönliche Gespräch mit Gott, gehört zum Intimbereich des Menschen. Wir beten anders, wenn wir öffentlich beten, als wenn wir es im Verborgenen tun. Mit dem Ehepartner beten bedingt, daß wir uns einander zeigen in diesem inneren Umgang mit Gott, uns darin akzeptieren, respektieren und schützen.

Frage für das Ehegespräch

Welche *Hindernisse* stellen sich uns in den Weg, die das gemeinsame Gebet unmöglich machen wollen?

Das *Zeitproblem* ist oft ein echtes Hindernis. Wann soll man denn auch das noch schaffen? Es liegt uns fern, dieses Problem zu bagatellisieren. Es ist ein Problem. Aber es lassen sich Lösungen finden, wenn wir ernsthaft nach einem Weg suchen und die Wichtigkeit des gemeinsamen Gebets erkennen.

Ob man vor oder nach dem Frühstück Zeit dazu findet oder erst abends vor dem Zubettgehen, ob es jeden Tag möglich ist oder nur einmal wöchentlich, das spielt keine so große Rolle. Wichtig ist die gemeinsame Entscheidung dafür, daß wir miteinander beten wollen. Erst nachher kommt dann die gemeinsame Suche nach dem passenden Zeitpunkt und der Wille, diese Abmachung einzuhalten.

Wir erleben es häufig, daß Versprechungen und Abmachungen mit dem Ehepartner zu wenig ernstgenommen werden. Alle anderen Abmachungen sind viel verbindlicher, alle anderen Leute viel wichtiger. Es ist uns auch weniger peinlich, den Ehepartner zu enttäuschen als andere Menschen. Dort verlieren wir nicht gern das Gesicht, aber beim Partner stört uns das nicht. – Das ist ein falsches Denken, eine falsche Sicht der Wichtigkeit der Ehe.

Beim Gebet füreinander muß man darauf achten, daß man dem andern nicht auf diesem Wege indirekt etwas mitteilen («unterjubeln») will oder gute Ratschläge und Ermahnungen erteilt. So im Sinne von: Die Gelegenheit ist günstig, sonst hörst du ja doch nicht hin, wenn ich es dir sage.

Verheerend ist es auch, wenn man meint, man müßte das Gebet des andern «verbessern» und mit dem eigenen Gebet «zurechtbiegen». So etwas ist – ebenso wie das vorher skizzierte «pädagogische Gebet» – ein Mißbrauch des Gebets, der sich immer rächt, weil der Partner diesen Stil kaum über längere Zeit mitmacht.

Vielleicht müßten Sie auch einmal prüfen, ob Sie selbst zu lang und ausführlich beten und so dem anderen alle Gebetsanliegen wegnehmen.

Wie kann eine Ehegebetszeit gestaltet werden?

Natürlich gibt es dafür überhaupt keine Norm oder Schablone. Kreative Phantasie ist gefragt. Wir wollen und können Ihnen lediglich einige Impulse zum Weitermachen geben.

Unsere gemeinsame Gebetszeit könnte eine *Anbe-*

tungszeit sein. Das wäre eine gemeinsame Zeit vor Gott, in der wir ihm unser Lob bringen durch das Singen von Liedern, durch Lobworte aus der Bibel, mit Dank und herzlicher Liebe. Auch die Musikinstrumente werden dazu eingesetzt. Wir feiern damit die Freude über Gott und ehren ihn. Das ist wie ein Ehe-Gottesdienst daheim.

Mit einer kurzen Anbetungszeit könnte man die Gebetszeit beginnen, man könnte damit den Sonntag beschließen, sie könnte an einem Geburtstag zum Ritual dazugehören, indem wir noch den «Geburtstagspsalm» (Altersjahr = Psalmnummer) lesen.

Mit dem Gebet *füreinander* haben wir einen großen Wachstumsförderer für unsere Eheeinheit. Wir dürfen und sollen einander *segnen* und füreinander zum Segen werden. Gott gibt uns Anteil an seinem Wesen, indem er uns einlädt, Segen weiterzugeben (1. Petrus 3,9). Segnen heißt: Das gute Wort von Gott über einem Menschen aussprechen, einen Menschen in Berührung bringen mit der Kraft und dem Wirken Gottes. Oftmals tun wir dies still im Herzen, und das ist auch gut. Wir dürfen es aber auch laut aussprechen: «Ich segne dich im Namen Jesu für diese Arbeit, diesen Tag, diese Besprechung.»

Wir dürfen auch füreinander beten, wenn einer von uns *krank* ist. Warum soll nicht die Frau ihrem Mann die Hand auf die Stirn oder die kranke Stelle legen und um Heilung bitten oder ihn mit Öl salben? Warum soll nicht der Mann seine Frau der heilenden Kraft Gottes anbefehlen? Oder wir sprechen die Bitte um *Schutz und Bewahrung* für den Partner und die Kinder laut aus. Wir *begleiten* einander mit Gebet in wichtige oder schwierige Aufgaben hinein und geben einander Rückendeckung und Stütze.

Wir *bekennen* im Ehegebet auch Schuld und Versagen und bitten vor Gott und vor dem Partner um *Vergebung*. Das fällt uns allen schwer, weil wir immer wieder befürchten, daß wir dadurch die Liebe und Anerkennung des andern verlieren, indem wir zugeben, daß wir unrecht hatten. Aber das Gegenteil wird der Fall sein. Die Liebe wird dadurch vertieft – und das sind heilige Ehestunden, wo man Schuld bei Jesus abladen kann.

Als Ehepaar sind wir ja auch vor viele *Entscheidungen* gestellt, die wir gemeinsam treffen müssen. Die Grundlage des gemeinsamen Suchens nach dem rechten Weg ist das *Hören auf Gott*. Wir bitten miteinander um Weisheit, daß wir die Situationen richtig beurteilen können, beten um Wegweisung und Führung. Jesus selbst hat das von sich gesagt, daß er zum Vater hinsieht und daß er hinhört, was der Vater beschließt und sagt (Johannes 5,19 und 20). Dieses gemeinsame Hören kann sich über eine längere Zeit hinziehen. Unter Umständen müssen wir wieder und wieder unsere Eindrücke und Einsichten austauschen und weiterbeten, bis wir zu der gemeinsamen Überzeugung gelangt sind, was wir tun sollen. Die Bereitschaft, auch Fehler machen zu dürfen und miteinander die Konsequenzen zu tragen (ohne Vorwürfe), gehört mit zu diesem Gebet.

Es kann auch sein, daß ein Ehepartner einfach blockiert ist und nicht frei beten kann oder will. Das ist kein Grund zum Verzweifeln und auch kein Grund, das Thema Gebet *ad acta* zu legen. Es gibt auch Gebetbücher, aus denen man einzelne Gebete laut lesen kann, oder man kann miteinander das «Unservater» oder Psalmen ganz oder auch nur teilweise beten, zum Beispiel Psalm 23.

Fürbitte als gemeinsame Gebetsarbeit

Wenn ein Ehepaar *Kinder* (oder Enkelkinder) hat, ist es ein besonderes Vorrecht, gemeinsam vor Gott für diese Kinder einzustehen – für sie zu danken, um Schutz und Bewahrung zu bitten, um Weisung für ihren Lebensweg zu beten, sie zu segnen. Indem Eltern Jahr um Jahr für ihre Kinder beten, bereiten sie sie auf die wichtigen Weichenstellungen im Leben vor, etwa in den Bereichen Berufswahl, Freundschaft und Ehe. Und natürlich werden sie auch für eine klare Hinwendung ihrer Kinder zu Jesus beten. Von Hiob lernen wir noch etwas Besonderes: Er hat sich als Vater auch stellvertretend für die Kinder unter deren Schuld gestellt und um Vergebung für sie gebeten. «So tat Hiob allezeit» (Hiob 1,5; Luther).

Fürbitte ist ein wichtiger Auftrag, zu dem wir berufen und von Gott bevollmächtigt sind. Wir stellen damit unser gemeinsames Leben in den Dienst Gottes und führen miteinander Gottes Aufträge aus. Wir bauen mit am Reich Gottes und rufen den von Jesus errungenen Sieg miteinander über all die gottfeindlichen Mächte aus und sprechen dann diesen Sieg auch konkret in Situationen und Menschenleben hinein.

Manchmal wissen wir gar nicht, wie und um was wir für einen Menschen oder in einer gewissen Situation beten sollen. Da können wir das Anliegen einfach vor Gott ausbreiten und dann still werden. Vielleicht macht er uns in der Stille etwas klar. Vielleicht gibt er dem einen ein Wort aus der Bibel, das wir dann laut aussprechen und dem andern zusprechen können. Oder wir bekommen ein Wort, das uns zum Beten in eine konkrete Richtung weist: eine Erkenntnis, einen Eindruck, ein Bild, das uns vor

Augen kommt und einen roten Faden zum Beten ergibt. So können wir miteinander einige Minuten an einem Anliegen dranbleiben und abwechslungsweise beten, wie wir vom Geist Gottes geführt werden. Bei einem solchen Gebet ist es nicht nötig, daß man zwischendurch immer «Amen» sagt – die einzelnen Sätze sind wie das Aneinanderreihen von Perlen zu einer Kette.

Vielleicht verwenden wir nicht mehr Zeit für die Fürbitte, weil wir gar nicht recht an die Wirkung des Gebets glauben. Aber es ist so: Gott erhört Gebet, und wir haben Macht, Vollmacht im Namen Jesu, etwas zu bewirken in dieser Welt.

Impuls für das Ehegespräch

Wie erlebe ich das Gebet in der Ehe? Wo habe ich Schwierigkeiten, Freude?

- Wo wünschte ich mir Veränderung?
- Was habe ich erkannt, und was möchte ich umsetzen?

Achtung: Dieses Gespräch geht nur dann gut, wenn wir feinfühlig und liebevoll aufeinander hören und einander respektieren. Nicht «um des lieben Friedens willen» einander Dinge versprechen, die unrealistisch sind!

Gemeinsame Bibellese

Fast alles, was wir zum Ehegebet gesagt haben, könnte man hier wiederholen. Das tägliche Hören auf Gottes Wort ist eine Lebensquelle. Wir bezeugen damit auch, daß Gott in unserem Leben das Sagen hat. Wenn wir dies in unserer Ehe so zum Ausdruck bringen können, ist dies sehr wertvoll.

Viele Christen lesen am Morgen die Losungen der Herrnhuter Brüdergemeine und den dort angegebenen Bibeltext, oder sie lesen die Bibel nach einem Bibelleseplan mit beigefügter Auslegung. Andere lesen in einem Andachtsbuch oder einfach fortlaufend in der Bibel.

Was auch immer wir bevorzugen: Es ist nie die Quantität, die etwas bringt. Entscheidend ist die Qualität – das Aufnehmen und Annehmen des Wortes, nach dem wir uns richten. Das gemeinsame Lesen ist auch nicht «besser» als das Lesen des einzelnen für sich allein. Aber in unserem Zusammenhang hier geht es ja um das geistliche Leben *in der Ehe,* darum bekommt das Gemeinsame mehr Gewicht.

Jede Form kann mit der Zeit erstarren, zur Routine werden, über die man nicht mehr nachdenkt (wobei die Gewohnheit nichts Schlechtes ist). Man muß auch die Formen ab und zu unter die Lupe nehmen und sich fragen: Passen sie noch zu uns, oder müßten wir etwas verändern?

Impuls für das Ehegespräch

Wie geht es uns mit dem Lesen des Wortes Gottes? Haben wir eine Form gefunden, mit der wir zufrieden sind – oder sind Veränderungen vonnöten?

Gemeinsame Mitarbeit in der Gemeinde

Wir leben unser Christsein nicht als freischaffende Künstler, sondern sind eingebunden in eine Gemeinde. Diese Tatsache ist gleichzeitig Freude und Schwierigkeit. Es geht einem nicht immer gleich gut in einer Gemeinde. Auch hier gibt es Lebensprozesse, auch hier werden Konflikte ausgetragen, an denen wir wachsen und reifen.

Für die Gemeinde sind die Ehepaare ganz besonders wichtig. Nicht nur insofern sie Kinder, also Gemeindenachwuchs, mitbringen, sondern weil Eheleute in ihrer Ergänzung und Einheit als Mann und Frau in der Gemeinde ein stabiles Netz bilden, in dem man auch andere aufnehmen kann. Eine Gemeinde mit geistlich gereiften Ehepaaren wird zu einer tragfähigen, offenen, starken Gemeinde.

Jede Gemeinde braucht Mitarbeiter. Darum opfern sich manche Menschen regelrecht auf für die Gemeinde und richten ihre Ehe und Familie zugrunde. Oder sie fliehen vor der Verantwortung in der Ehe in die Mitarbeit der Gemeinde. Das ist natürlich nicht gemeint, wenn hier von Mitarbeit in der Gemeinde gesprochen wird. Es geht uns um das Fragen vor Gott: Wo hast du, Herr, für uns als Ehepaar eine Berufung? Wo hast du eine Aufgabe, die wir anpacken sollen?

Nicht der Mangel an Mitarbeitern darf primäre Motivation zum Dienst sein. Es gibt in der Gemeinde auch Dinge, die man sterben lassen darf, wenn niemand da ist, der diesen Dienst übernehmen kann. Nein, zur Übernahme einer Aufgabe motivieren uns das Wissen um den Auftrag Gottes und unser Gehorsam.

Welche Aufgaben kämen denn zum Beispiel für

uns als Ehepaar in Frage? Es könnte die gemeinsame Leitung eines Hauskreises sein oder die Begleitung der Jugendgruppe. Denkbar ist auch, daß ein Partner in der Kinderarbeit oder in der Gemeindeleitung aktiv tätig ist und der andere Partner betend dahintersteht und mitträgt. Oder wir denken an die große Hilfe, wenn ein Ehepaar einem anderen Ehepaar oder sonst einer Person, die Hilfe braucht, seelsorgerliche Begleitung geben kann. Wir wollen all die vielen Möglichkeiten der Mitarbeit gar nicht weiter aufzählen; sie sind bekannt. Wichtig ist uns das gemeinsame Stehen vor Gott – ob nun der einzelne Partner einen Auftrag ausführt oder ob es eine gemeinsame Aufgabe ist.

Gemeinsame Sicht für das Reich Gottes

Wir wollen als Bürger des Reiches Gottes die Sache unseres Herrn an die erste Stelle setzen. Das weckt unser Interesse an dem, was Gott weltweit tut. Wir gehören dazu, verfolgen das Geschehen mit wachen Augen und fragen: Herr, wo und wie können wir mithelfen?

Das mag zum Beispiel die Mitarbeit an der Ausbreitung des Reiches Gottes durch finanzielle Unterstützung sein. Die Gemeinden und Missionswerke könnten ihre Arbeit nie tun, wenn nicht Ehepaare zum Geben bereit wären. Die Verheißung, die nach Maleachi 3,10 auf dem Geben des Zehnten liegt, ist sicher allen bekannt. Auf dem Geben liegt ein geheimnisvoller Segen: «Wer gibt, der empfängt, wer sät, wird ernten.» Gott lohnt unsere Treue im Geben.

Auch in dieser Hinsicht geht es übrigens in der Ehe immer wieder um den Prozeß des inneren Einswerdens: Was können und wollen wir geben?

Überlegen Sie sich kurz, wie das bei Ihnen ist: Beraten Sie als Mann und Frau gemeinsam und gleichberechtigt, wem und wieviel weitergegeben wird? Oder verheimlichen Sie dem Partner gewisse regelmäßige oder sporadische Spenden, weil Sie Angst haben, er würde wütend und könnte es verbieten?

Die Anliegen der Mission und die Begleitung der Missionare durch unser Gebet, durch Briefkontakte und durch finanzielle Unterstützung sind ein weiteres wichtiges Thema.

Auch das Gebet für das Land und Volk Israel gehört zu diesem Auftrag, den wir als Ehepaar mittragen dürfen.

Nun wollen wir allerdings aufpassen, daß unser Thema der geistlichen Ehevertiefung nicht zu einer Aufzählung dessen wird, was man alles *tun* könnte und müßte im Reich Gottes. Genau dies ist es ja *nicht!* Das Tun kann mithelfen, daß unser geistliches Eheleben wächst, weil wir wirklich abhängig werden von Gottes Hilfe und Nähe und weil wir Erfahrungen machen können mit dem lebendigen Gott. Aber daß Vertiefung wirklich geschieht, das ist ein *innerer* Prozeß, in dem unser Herz weich gemacht wird, empfänglich und offen für Gottes Liebe. Es geht um ein tieferes Verstehen und Annehmen der Gnade, die durch Jesus in unser Leben kommen will. Und das ist gleichzeitig auch ein Ehevertiefungsprozeß, ein Wunder des Wahrwerdens voreinander und ein tiefes gegenseitiges Ja-Sagen und Annehmen.

Das kann man nicht einfach «machen». Aber man kann offen werden dafür und den Heiligen Geist bitten, daß er in uns etwas in Bewegung bringt.

Bildmeditation

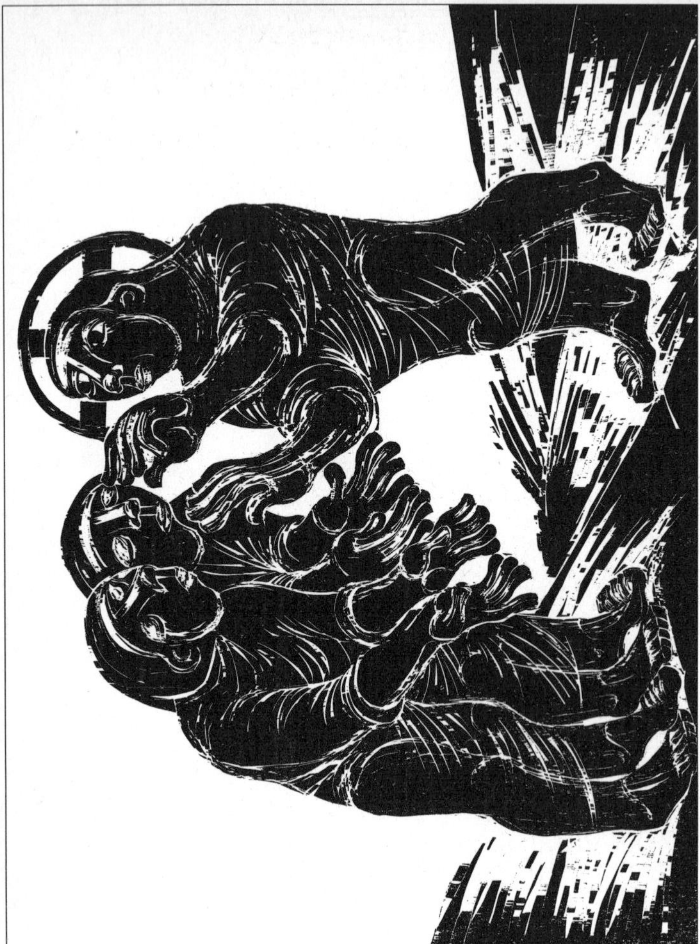

(Die Abbildung des Holzschnitts «Mach, daß wir sehen» von Schwester M. Sigmunda May OSF, Nr. 99/1980, erfolgt mit freundlicher Abdruckgenehmigung der Kongregation der Franziskanerinnen von Sießen.)

Bildmeditation:

Jesus und die Blinden (Matthäus 9,27–31)

zu einem Holzschnitt von Sr. Sigmunda May

Zwei Blinde hören von Jesus,
und sie kommen in seine Nähe.
Oder kommt Jesus in ihre Nähe?
Das jedenfalls ist ihre Stunde,
ihre Gelegenheit.

Sie schreien mit der ganzen Kraft ihrer Stimme:
«Du Sohn Davids, hab Mitleid mit uns!»

Es ist kein gesittetes Vortragen ihres Anliegens,
kein verlegenes Stammeln,
kein zaghaftes «Könntest du nicht …?»
Sie schreien!
Einmal – oftmals – immer wieder!

Doch Jesus geht seinen Weg.
Sie aber schreien: «Du Sohn Davids,
hab Mitleid mit uns!»

Ihr Schreien gleicht dem Echolot,
das feststellen soll,
ob sie noch in der Nähe Jesu sind –
ob er noch in ihrer Nähe ist.
Und sie sind in seiner Nähe.
Er steht unmittelbar vor ihnen.

«Traut ihr mir denn zu, daß ich euch helfen kann?»
«Ja, Herr!»
«Da berührte Jesus ihre Augen und sagte: Was ihr mir zutraut, soll geschehen.»
«Da konnten sie sehen!»

Es ist eine alte Geschichte – und sie liegt weit zurück.
Wir leben *heute* – und wir sind nicht blind.
Wir sehen, was **um uns herum** vorgeht:
so viel Leid und Not und Elend,
so viel Streit und Haß und Lieblosigkeit.

Aber wir sind oftmals blind und hilflos dem gegenüber, was **an uns** und **in uns** vorgeht.

Wir sind oftmals wie blind für das, was **in unserem Partner** vorgeht.

Wir haben keinen Blick für
seine Traurigkeit,
seine Verzagtheit,
seine Müdigkeit,
seine Resignation,
seine Zerrissenheit,
seinen Streß.

Wir sind blind für sein Leiden
an den beruflichen Streß-Situationen,
am Druck der Überforderung,
am Unverstandensein.

Wir sehen nicht
seine heimlichen Tränen,
seine Sehnsucht nach Verständnis,
sein Bedürfnis nach Veränderung,
seinen Wunsch nach einem lieben Wort.

Und wir haben den Eindruck, daß der Partner es auch bei uns nicht sieht.
Das ist kein Vorwurf und keine Schuldzuweisung.
Das ist auch keine resignierte Feststellung nach dem Motto: Da kann man halt nichts machen.
Es ist ein Porträt unseres Menschseins.
So sind wir!
Doch nun steht auch vor uns der lebendige Gott, Jesus Christus, der Herr.

Und auf die Frage Jesu: «Was wollt ihr, daß ich euch tun soll?» könnte auch unsere Antwort lauten: «Herr, daß wir sehend werden!»

Und wir strecken – wie diese beiden Blinden – unsere Hände aus:
Wir brauchen eine Begegnung mit dir!
Wir brauchen eine Berührung von dir!
Wir brauchen eine neue Sicht füreinander.
Wir brauchen ein neues Hören aufeinander.
Wir brauchen einen neuen Weg zum Miteinander.

Wir sagen ein klares Nein zum Gegeneinander!
Aber wir sagen auch ein klares Ja zum Füreinander und Miteinander!

«Da berührte er ihre Augen und sprach:
Euch geschehe nach eurem Glauben!»

Von demselben Autorenpaar
erschien im Brunnen Verlag Basel:

Dieter & Vreni Theobald

Der 2. Ehe-Frühling

Wenn Paare in die Jahre kommen

112 Seiten, ABCteam-Taschenbuch, Best-Nr. 113.603

Was meist so schön beginnt, endet in der Lebensmitte oft in der Niederlage. Vierzig- und fünfzigjährige Ehepartner wenden sich voneinander ab, werden kritisch und anspruchsvoll gegeneinander, signalisieren Unzufriedenheit und pochen auf Abgrenzung. Dieter und Vreni Theobald kehren den Spieß um: Lebensmitte bedeutet Wendezeit, bedeutet wunderbare Chance zur Veränderung! Wer seiner Ehe dann neue Ideen, neue Impulse gibt und auf das Frohmachende setzt, hat alle Chancen, seine Ehe neu feiern zu können. Ganz nach dem Motto: «Nicht wesentlich mehr, sondern mehr Wesentliches!»

Brunnen Verlag • Basel und Gießen

Von Dieter Theobald
erschien im Brunnen Verlag Basel:

Dieter Theobald
Christen sind auch nur Menschen

Dieters E-Mails: witzig, würzig, allzu wahr
112 Seiten, ABC-Taschenbuch, Best-Nr. 113.641

In kurzen Beiträgen hält Dieter Theobald den Christen humor- und liebevoll einen Spiegel vor. Selbsterkenntnis ist ja bekanntlich der erste Schritt zur Besserung, und so hat es beinahe therapeutische Wirkung, wenn Theobald als Insider den Finger auf wunde Stellen legt. In kurzen satirisch-ironischen Essays zeigt er, wo es unter Gottes Bodenpersonal «menschelt» und wo es durchaus auch anders ginge.

Brunnen Verlag • Basel und Gießen